Camilo José Cela

La familia de Pascual Duarte

Edited by

HAROLD L. BOUDREAU

UNIVERSITY OF MASSACHUSETTS

and

JOHN W. KRONIK

CORNELL UNIVERSITY

New York

APPLETON-CENTURY-CROFTS

DIVISION OF MEREDITH PUBLISHING COMPANY

PRINTED IN THE UNITED STATES OF AMERICA

E–18108

PREFACE

La familia de Pascual Duarte initiated the revival of the prose fiction narrative in post-Civil War Spain. Its relatively recent publication precludes the possibility of judging it definitively with suitable historical perspective, but it is unquestionably a novel that proves interesting and stimulating to the reader. It continues to be one of the most impressive works of the contemporary period, and its author has remained the center of much attention and controversy. The text as presented here has been taken from the eighth edition (Barcelona, Ediciones Destino, 1957), and, contrary to general practice, the novel has not been abridged or altered in any way, except for the correction of obvious typographical errors. It was the editors' feeling not only that abridgment would surely have resulted in a distortion of the author's presentation and in a diminution of the emotional and intellectual impact of the work but also that Cela's realism could not possibly offend in its artistic context. To facilitate classroom use of the book, chapter numbers—missing in the original—have been added. The text is designed primarily for use in the third year of college language study, although it may be used to advantage in the latter half of the second year.

Specific questions about details of content have not been included because of the editors' opinion that most teachers would prefer to formulate original ones, thereby lending greater spontaneity to their treatment of the work. Instead, the questions at the end of the text have been prepared with the aim of guiding the student into consideration of *La familia de Pascual Duarte* as a work of art. They suggest criteria as often as they request information. It is hoped that they will stimulate the student's thought and imagination, cause him to penetrate more deeply into the work, and occasionally lead him into a broader exploration of the novel as a literary genre. These topics have been divided into two groups: those pertaining to specific chapters and those applicable to the work as a whole. The latter may be introduced at such a time in the progress of the reading as the instructor sees fit or after the reading of the entire work has been completed. Both the specific and the more general questions may be used as the basis for discussions in the classroom or as subjects for composition.

Since this edition is intended for the student who has already acquired a knowledge of the basic vocabulary of the Spanish language, the vocabulary at the end of the book is not a complete one. The 1500 entries comprising the first three groups of basic words in Hayward Keniston's *Standard List of Spanish Words and Idioms* (Boston, D. C. Heath, 1941) have been omitted, except where special meanings are attached to them in the present text or where the editors' classroom experience suggested that a given word, though listed by Keniston as one of high frequency, might not be familiar to the student. Cognates have not been included except when deceptive. The same criteria apply to words appearing in the "Introducción" and in the "Temas de discusión literaria." Vocabulary entries have not been made for Cela's "Palabras ocasionales." Information about textual references to persons and places is included in the vocabulary, while other explanatory material and constructions of marked idiomatic or syntactic difficulty have been footnoted. In these instances, every attempt has been made to convey Pascual's peculiarly colloquial manner of expression.

The editors wish to thank Camilo José Cela for his kind permission to edit his novel as a classroom text and for his "Palabras ocasionales," which were written expressly for this edition and are published here for the first time. They are also indebted to Professor Edward R. Mulvihill of the University of Wisconsin for his encouragement and helpful suggestions; to Professor Olga P. Ferrer of the University of Buffalo for her reading of the manuscript; and to Mrs. Carmen Iranzo de Ebersole, Mrs. Mary Boudreau, and Mrs. Eva Kronik for their generous assistance in the preparation of this text.

H. L. B.
J. W. K.

CONTENTS

CONTENTS

PALABRAS OCASIONALES

Lo que Pascual Duarte hubiera de decirles, dicho está. Pascual Duarte, que no era un dialéctico, no habló sino una vez en su vida y con las palabras—buenas o malas, que no hay otras—que me entretuve en poner en limpio y en mandar a la imprenta; en todo caso, esto de meter orden en los revueltos papeles del muerto cuya herencia se parte y administra, es uno de los menos ingratos cometidos que incumben al albacea. Pascual Duarte, desde el otro mundo, se mantiene en sus trece y en sus viejos puntos de vista, no por torpes menos ciertos ni sentidos con honradez; la recóndita honradez del criminal es algo que, con frecuencia, no saben medir ni pesar las gentes oficialmente honradas: aquellas que están al corriente del pago de la contribución. No es fácil aplicar la norma a lo anormal. La norma, paradójicamente, no da cabida a la normalidad, ni la regula—siquiera por aproximación—ni la previene. La norma intuye—que no entiende—a la anormalidad como un trance inusual al que se limita a bautizarlo. La norma, a la anormalidad, llama *excepción* y de su presencia—que le repugna—saca el egoísta y falaz corolario de que la confirma. La norma cumple apartando a lo que le es extraño, sin pararse a buscar su origen ni, menos aún, su enmienda. La norma, ante la anormalidad, se declara partidaria de las fuentes de la sangre y de los oficios del hierro y del fuego; lo que molesta, se mata y se hace desaparecer porque lo que desaparece se olvida: es la cruenta ley que se levanta para señalar las fronteras entre lo que se entiende por normal y conveniente y lo que se diagnostica como inconveniente y anormal.

Al hablar, ahora, a estos jóvenes americanos que estudian el español, Pascual Duarte usa sus palabras de aquella ocasión única, su bronca voz desgraciada. Pascual Duarte no es amigo de afeites ni de pequeños arrepentimientos circunstanciales. A Pascual Duarte le afeitaron la vida en el garrote y su arrepentimiento—que lo tuvo y bien firme—le libró de la gaita de andarse medio arrepintiendo a cada paso, como suele ser uso de burgueses, institucionalistas y timoratos, de todo o de casi todo lo que acontece. Pascual Duarte nunca supo a ciencia cierta por qué le apioló la justicia. Crímenes sí que hizo—y no pocos—pero Pascual Duarte, que se sentía incapaz de no matar, se murió ignorando las raras fuerzas que, ajenas a su conciencia, lo empujaban. A Pascual Duarte lo matamos entre todos porque resultaba demasiado incómodo mantenerlo vivo; la verdad es que no sabíamos qué hacer con él.

Pero dejemos esta teoría de tan desdibujados horizontes. La sociedad, probablemente, no está aún preparada para admitir el prorrateo de culpa que a todos toca en los crímenes de los individuos. Lo que se viene llamando el criminal no es más que la herramienta; el verdadero criminal es la sociedad que fabrica—o permite que se fabrique—la herramienta. Día llegará en que al derecho penal haya que darle la vuelta como a un calcetín.

El libro que hoy ofrezco a los lectores de esta edición escolar tiene ya veinte años de vida, muchos para lo deprisa que se vive. Lo escribí en el año 41 y lo publiqué en el 42. Desde entonces acá pasó por múltiples vicisitudes que quizás no sea del caso enumerar en este momento.

Ahora, al cabo del tiempo, aparece publicado para uso de unos estudiantes de español. De esto es de lo que debería hablar, aunque lo que tenga que decir sea bien poco, ciertamente.

A mí—que soy su autor—me parece que éste no es un libro muy pedagógico o, por lo menos, muy pedagógico para las pedagogías al uso. Al margen de su pura anécdota, Pascual Duarte no es sino el modelo de todo lo que se debe apartar del camino de cada cual. A este respecto estoy tranquilo porque lo advertí y lo declaré cuando nació. También me sosiega el hecho de que sus editores de hoy no lo vayan a emplear para la educación de espíritus (lo que me obligaría a discurrir algunas interpretaciones, tampoco imposibles) sino para el mero adiestramiento de unos mozos y mozas extranjeros en el empleo de una lengua que no es la suya habitual.

Aun así, no me parece que Pascual Duarte sea un maestro en las artes del buen hablar. Su lengua es un tanto ingenua y desgarrada, y no menos popular que elemental. Quizás sea bueno esto de enfrentar a los estudiantes con el lenguaje del pueblo, aunque con el lenguaje del pueblo se haya hecho, ¡vaya por Dios!, literatura. Creo que fue Stendhal quien dijo: escribo en lengua francesa, no en literatura francesa. Me reconforta pensar que los editores de estas andanzas y malaventuras de Pascual Duarte puedan suponer que Stendhal tenía razón. En este caso mi culpa, sin duda alguna, se aminora, y mi conciencia puede seguir tranquila.

Formentor, Mallorca, 26 de junio de 1960

INTRODUCCION

Cuando la guerra civil española vino a terminar en marzo de 1939 tras casi tres años de violencia y matanza, más de un millón de españoles habían perdido la vida, gran parte del país yacía devastada, y la economía española se hallaba agotada. El empobrecimiento se había extendido a las esferas culturales también, y la novela, género literario tan apto para reflejar la sociedad y las condiciones contemporáneas, había sufrido al parecer un golpe mortal. Un aire de impaciente curiosidad rodeaba la cuestión de cuándo y en qué forma renacería la novela española. La inesperada y asombrosa respuesta ofrecida por Camilo José Cela con *La familia de Pascual Duarte* escandalizó a los que la leyeron, pero el camino quedó abierto. Se dice que el venerado Pío Baroja, comentando la obra de Cela, exclamó: "Por fin tenemos una novela." El éxito del libro incitó a los escritores a una actividad tal que pronto una abundancia de novelas, buenas y malas, empezó a brotar en España cada año.

A pesar de la buena señal que constituye la presencia de novelistas que escriben y publican en considerable cantidad, los críticos usan a menudo la palabra "crisis" cuando tratan de la novela española de las dos últimas décadas. Cela mismo ha dicho: "La vida del escritor, en España, es un mantenido y cotidiano llanto, un llanto que empieza pero que no termina, un llanto eterno, un infinito llanto." [1] El novelista español de hoy está, sin duda, acosado por problemas, de los que no es el menor un mezquino mercado nacional para sus novelas. Para vivir de su pluma, debe escribir profusamente, no sólo novelas, sino también artículos para periódicos y revistas. Tiempo y energía, ambos preciosos, se desperdician a causa de las demandas que impone la necesidad.

[1] *Mesa revuelta* (Madrid, 1957), pág. 279.

Lo que es más importante, los años culturalmente infructuosos de la guerra civil y el período que la siguió dejaron a la joven generación con profundas heridas espirituales. Los escritores emergieron confusos, tanto en sus ideas sobre la guerra como sobre los aspectos estéticos de la novela. Aislados culturalmente y habiendo perdido contacto con corrientes e influencias extranjeras por un lado, e ignorantes de o rebeldes ante su propia rica tradición literaria por otra parte, los novelistas españoles se encontraron sin raíces concretas en el pasado y sin poder ver claramente el futuro. No existe, pues, en España actualmente, una escuela bien definida de novelistas; en su lugar, uno encuentra individuos que se mueven a tientas en distintas direcciones y que de vez en cuando producen obras de mérito, que, sin embargo, guardan muy poca relación entre sí. Con demasiada frecuencia, el escritor de hoy se refugia en su originalidad, dedicando sus energías al problema de forma, práctica que resulta en la formación de estilistas, no de novelistas, y que explica en parte el gran número de novelas experimentales producidas en España.

A esta desorientación por parte de los escritores debe añadirse el problema de la censura. Aunque en los últimos años ha habido cierta laxitud en la rigurosidad y asiduidad de los censores, el escritor español tiende a huir de temas que puedan comprometerle. El mayor peligro que presenta la censura tal como existe hoy en España no está quizás tanto en la prohibición directa de las obras sino en los temores y vacilaciones que impone al artista creador, que tiende a contener sus inclinaciones naturales si no están de acuerdo con los puntos de vista autorizados. Cierto crítico catalán dice incluso que esta censura "es causa directa de una literatura neutra, aséptica, que nace muerta, abortada." [2] Ciertamente, el escritor se ve privado de espontaneidad, y su elección de temas es limitada. No se puede encontrar un ejemplo más claro que el hecho de que la guerra civil, suceso de tamaña envergadura, haya encontrado pocos narradores entre los novelistas españoles, que toda la fuerza de estos dramáticos incidentes no se haya patentizado en la estruc-

[2] José María Castellet, _Notas sobre literatura española contemporánea_ (Barcelona, 1955), pág. 24.

tura de la novela española de los últimos veinte años. Es innegable que una literatura que—ya sea por gusto ya por miedo a la censura—no trata de ciertos problemas y condiciones está mutilada en el sentido de que no puede cumplir con su deber de revelar la realidad completa de la existencia contemporánea. Los novelistas de hoy, no obstante su predilección por la técnica realista, no presentan los amplios cuadros sociales que Pérez Galdós y los realistas del siglo diecinueve acostumbraban pintar. Mas no es justo por esto calificar toda la novela española de mediados del siglo veinte de falsa e ineficaz y condenarla por carencia de autenticidad o actualidad. Aunque su alcance sea más reducido, los segmentos de vida que los autores eligen o se ven forzados a enfocar son auténticos y llenos de significado en términos de la sociedad contemporánea; y excepto en los casos en que se refugian en el mundo de la pura fantasía, es posible entrever un panorama más amplio de la vida y de la condición del hombre aunque el cuadro no esté completo.

La preocupación del novelista español contemporáneo, Cela incluso, no es política; ni siquiera es cultural, como lo era en el caso de muchos escritores de la generación del 98. Ahora la preocupación es social, y este cuidado social es más bien intensivo que extensivo. El novelista concentra su atención en determinados individuos que se ven arrastrados por el torbellino de la vida y envueltos sin remedio en una manera de vivir nerviosa, cruel e insegura. Aunque la guerra civil de España pocas veces aparece como tema en las novelas que subsiguieron, se nota su presencia, sin embargo, en el tono de tristeza, tragedia y violencia que domina tantas obras modernas. En *La familia de Pascual Duarte* y en otras novelas de las que se publicaron tras la guerra civil, es difícil encontrar una expresión directa de la totalidad de la vida española en los años posteriores a 1939, pero el momento histórico específico se hace sentir de manera latente, como factor psicológico, en la tensión y el negativismo manifestados por los novelistas de hoy en día.

El sentimiento de derrota y desilusión es el denominador común que une a los novelistas españoles que se han esforzado en sus inconexas sendas desde el final de la guerra civil. Para caracterizar esta actitud, que se expresa en la novela en forma de violencia, crudo realismo y pesimismo, se ha inventado la palabra "tremendismo." El origen de este vocablo es dudoso, aunque el poeta Antonio de Zubiaurre, a quien le gusta la palabra "tremendo," así como Rafael Vázquez Zamora, crítico y ensayista, se han visto acreditados en distintas ocasiones con su invención. Generalmente se considera a Cela como el creador de este movimiento con su *Pascual Duarte,* imputación contra la que ha protestado vigorosa y repetidamente. Aunque defiende lo que representa, Cela tacha el uso de la palabra "tremendista" de estúpido e impreciso. "El tremendismo, en la literatura española, es tan viejo como ella misma—escribe. —El tremendismo sólo existe en función de que la vida es tremenda..." [3] Las objeciones de Cela, por violentas que sean, se pueden desechar como un caso de regateo sobre cuestiones de semántica, y esencialmente podemos decir lo mismo sobre la polémica que continúa hasta hoy. En un lado están los que aclaman el tremendismo como una nueva y estimulante perspectiva que presta significado y estatura a la generación de jóvenes escritores. En oposición a estos entusiastas están los que comparten la opinión de que el tremendismo es tan antiguo como la historia de la literatura. Quizás un punto de vista más moderado, que aun otros sostienen, es que "tremendismo" es una palabra expresiva y sugestiva a la cual es posible atribuir valores razonables. Desgraciadamente estos significados personalizados han sido tan vagos y dispares que han privado al término de la necesaria precisión.

Cualquiera que sea el concepto del tremendismo que se formule, dos ingredientes distintos son precisos para definirlo: realismo y angustia. Según señala Jerónimo Mallo,[4] el realismo de los novelistas tremendistas no se encuentra en la pintura de costumbres o de ambientes locales o en la descripción de la vida en todos sus aspectos. Los tremendistas, depurados de inclinaciones idealistas, optan por poner énfasis en lo negativo, tal como los autores de la novela picaresca prefirieron acentuar la

---

[3] *La rueda de los ocios* (Barcelona, 1957), págs. 15, 16.

[4] "Caracterización y valor del 'tremendismo' en la novela española contemporánea," *Hispania,* XXXIX (1956), págs. 49–55.

tristeza de la vida del hombre y no los placeres. Así pues, violencia, matanza y horror constituyen frecuentemente, aunque no siempre, los componentes de la literatura tremendista. La magnitud de los acontecimientos o la acumulación de horrores dejan espantado al lector. Los miserables, hambrientos, enfermos, criminales, inmorales, derrotados, tales son los personajes que pululan por estas novelas. La realidad presentada es por supuesto exagerada o al menos desfigurada a causa de la selectividad, y por esta razón se ha dicho que el tremendismo es "realismo con énfasis." En verdad, tiene puntos de contacto con el naturalismo del siglo diecinueve, aunque no tiene su determinismo científico, y en lugar de analizar las causas, se limita a la observación y presentación de las manifestaciones.

Este realismo oblicuo no es nada nuevo en la literatura, pero cuando se le añade la nota moderna y característica de congoja, entonces uno empieza a llegar a la nueva sensibilidad a la que se aplica el nombre de tremendismo. Los escritores de la joven generación ven la existencia del hombre como algo aciago. En un momento de amargura exclamó Cela: "La vida no es buena; el hombre tampoco lo es"; y añadió que las señales de amor y cordialidad en el hombre son meras máscaras por las cuales uno no debe dejarse engañar. Los escritores que ven este dolor y sufrimiento y ausencia de caridad reaccionan con una profunda angustia que se refleja en sus novelas. Cuando se habla de la novela de Carmen Laforet, *Nada* (obra que como *Pascual Duarte* ha recibido mucha atención crítica), como tremendista, a pesar de que el único acto de violencia ocurre cuando uno de los personajes se suicida, las razones porque se ve incluída en este grupo son la depravación mental, la desolación espiritual y la vaga atmósfera de decadencia y desesperanza que se extienden por el libro. Aquí la violencia es psicológica, pero la nota de ansiedad, aunque expresada de modo distinto, es tan evidente como en *Pascual Duarte*. Esta fundamental inquietud y sensación de derrota hacen posible hasta cierto punto que el tremendismo se relacione con el existencialismo, aunque este juicio también se ha visto sujeto a división de opiniones. Sin duda el tremendismo es menos intelectual que el existencialismo y nunca es tan filosófico. Permanece siempre en un plano más puramente estético y en su modo de expresión es a menudo más cruel y fiero. El elemento de angustia, no obstante, se encuentra en ambos movimientos y por semejantes motivos.

De ninguna manera debemos acusar de insinceros a los españoles que escriben en esta vena. En ellos no es mera postura. Las experiencias negativas de la guerra civil, de la postguerra y del período de la segunda guerra mundial dejaron a los jóvenes escritores con una actitud pesimista y misantrópica que ha hecho florecer las ansiedades cuyas raíces se remontan a principios del siglo. No hay nada exclusivamente español en esta actitud. Posee los síntomas de la era rápida, mecanizada y agitada en que vivimos; representa la reacción de los hombres dotados de sensibilidad ante los males y los desengaños de la existencia actual. El tremendismo, pues, es la manifestación española de un estado mental universal intensificado por recientes factores históricos peculiares a España.

Camilo José Cela es sin duda el novelista español más importante de la generación de la guerra civil. Hasta los españoles emigrados, los que deploran el régimen político bajo el que vive Cela, no le niegan esta pretensión. Cierto es que Cela apareció en el horizonte en un momento muy propicio y que su éxito inicial se debió en parte al menos a que vino a llenar un vacío con una sorprendente obra literaria. Cela mismo así lo dice. Mas, aunque la polvareda que las controversias levantaron no se ha despejado por completo, Cela ha continuado demostrando que es un escritor de talento e imaginación y que merece el renombre de que goza.

Cela nació el 11 de mayo de 1916 en el viejo y pintoresco pueblo de Iria-Flavia (Padrón), en Galicia, la región noroeste de España. Su padre era gallego y su madre, de origen inglés e italiano, nació en Inglaterra, de donde viene a Cela su apellido Trulock. Camilo José era el mayor de nueve hijos, siete de los cuales viven todavía. De niño vivió algún tiempo con su tía abuela en Londres, hasta los cuatro años de edad, luego en varias regiones de España. Recibió parte de su temprana educación de manos de los jesuitas, y a los nueve años fué a Madrid,

donde obtuvo el bachillerato a los catorce años y luego ingresó
en la Universidad. Una tras otra se matriculó en las Facultades
de Medicina, de Derecho y de Filosofía y Letras, pero no terminó ninguna carrera. Durante este período entabló amistad
con el poeta Pedro Salinas, que influyó en él profundamente y
a cuyas clases asistió en la Ciudad Universitaria. Conoció a varios poetas y escritores famosos y empezó a componer versos. La
guerra civil puso término a sus estudios y Cela se hizo soldado
de las fuerzas de Franco, aunque en su obra literaria no expresa
dedicación a ninguna causa política. A fin de ganarse la vida
hizo en distintas ocasiones de torero, actor de cine y empleado
de gobierno, pero después de su primer éxito literario se dedicó
exclusivamente a escribir. Muy inclinado a viajar, Cela encuentra gran placer en vagar a pie por las regiones de España.
También ha hecho dos largos viajes a Sudamérica, y ha asentado
sus impresiones y experiencias de viaje en varios volúmenes interesantes. En 1957 recibió el máximo honor que puede con-
ferirse a un español en el campo literario: fué elegido miembro
de la Real Academia Española.

Hoy día Cela, autor de más de veinte libros, vive cómoda-
mente con su esposa en Palma de Mallorca. De vez en cuando
vuela a Madrid para asistir a las reuniones de la Academia, mas
prefiere vivir independientemente, lejos de las exigencias de la
vida de la capital. En Palma cuida de su granja de gallinas, y
siguiendo escrupulosamente su propia exhortación, muy a menudo repetida, trabaja asiduamente. Cela ya no contribuye artículos a periódicos y revistas tanto como lo hizo en años anteriores. En vez de esto se dedica más a sus propias obras y a la
publicación de *Papeles de Son Armadans,* revista totalmente
independiente y de gran calibre que fundó en 1956 y que se ha
convertido en una de las revistas literarias más respetadas de
España.

La primera publicación de Cela fué un poema aparecido
en una revista de letras argentina el 30 de septiembre de 1935.
Otros poemas siguieron en los tres años posteriores, y su primera publicación en prosa, un artículo intitulado "Fotografías
de la Pardo Bazán," en 1940. El cuento *Don Anselmo,* publicado en 1941 en la revista española *Medina,* marcó la entrada

de Cela en el género novelesco. Su primera poesía, compuesta en 1936 y muy influenciada por el chileno Pablo Neruda, no vió la luz en forma de libro hasta 1945, cuando el joven autor de *La familia de Pascual Duarte* ya había sido públicamente aclamado. Desde entonces, más novelas, tomos de poesía, relatos de viaje y volúmenes de cuentos y artículos han brotado de la pluma del fecundo escritor.

No obstante su cultivo de la poesía, el cuento y el ensayo, Cela es más conocido por sus novelas. No sólo sus obras originales, sino también las muchas páginas que ha dedicado a la teoría de la novela atestiguan su interés por el género. Sus tentativas de definir la novela generalmente terminan con una declaración ambigua tal como "Novela es todo aquello que por novela venimos entendiendo," pues cree que la novela es algo indefinible y que hay muchas maneras de escribir una. Todas las novelas relatan algo, pero al hacerlo descubren nuevos horizontes, y si son un espejo de la vida, que es lo que deben ser, entonces es tan imposible clasificar la novela como lo es reducir la vida a una inmutabilidad constante. En verdad, Cela ha hecho un esfuerzo consciente por probar esta posible diversidad del género en las seis novelas que ha escrito. Con su habitual actitud de petulancia irónica que hace difícil discernir si habla en serio o si está simplemente jugueteando con sus lectores, Cela sostiene que no se fija a sí mismo un propósito concreto en sus libros y que no tiene una estética constante. Sea como quiera, ha admitido en el prólogo de uno de ellos (*Mrs. Caldwell habla con su hijo*) que es peligroso para un novelista el adoptar cierto estilo desechando los demás y que él, en sus novelas, ha procurado hacer lo contrario. El resultado ha sido seis obras, cada una con un tema distinto, su propio ambiente y, hasta cierto punto, una técnica narrativa particular. El estilo del autor y su temperamento personal se encuentran entre los pocos factores que las vinculan entre sí.

En *La familia de Pascual Duarte* la rapidez de la acción es el elemento novelesco más importante. La segunda novela de Cela, *Pabellón de reposo,* en la que estudia los problemas de un grupo anónimo de pacientes tísicos enfrascados en sí mismos, se caracteriza por una forma narrativa totalmente distinta.

Es menos dinámica, de ritmo más lento, más introspectiva, más tierna. Tiene paz y calma mientras que *Pascual Duarte* mantiene un constante plano agitado. Basado en experiencias personales, es un libro con una definida preocupación estética (lo admite Cela) en que los elementos de tiempo y espacio están virtualmente aniquilados. *Nuevas andanzas y desventuras de Lazarillo de Tormes,* que apareció el mismo año que *Pabellón de reposo,* representa la vuelta a la novela picaresca. Cela aplica los métodos tradicionales, el realismo crudo y caricaturesco típico del género, siendo el resultado la resurrección de una de las figuras clásicas de España colocada en el siglo veinte. En contraste con la celeridad (aunque no descuido) con que estas tres primeras novelas fueron escritas, Cela dedicó cinco años de ardua labor a *La colmena,* que algunos críticos consideran el mejor producto del autor hasta la fecha. Esta novela, experimental en muchos aspectos, no tiene protagonista. Es un retrato social colectivo en que el autor, de manera impresionista, toca por lo menos ciento sesenta personajes distintos y a través de ellos presenta un cuadro preciso y realista de Madrid en 1943, con toda su hambre, su miedo, su desmoralización. El carácter de esta novela lo constituyen el detalle, la exactitud, la objetividad y la condensación. Mientras la imaginación e inventiva parecen dominar en *Pascual Duarte,* la observación empírica es el elemento principal en *La colmena.* Es revelador que tuviera que ser publicada en la Argentina, aunque más tarde se permitió en España una segunda edición. *Mrs. Caldwell habla con su hijo* es una de las obras más poéticas así como heterodoxas de Cela. En esta caprichosa novela sin argumento ni acción el autor examina a una mujer desequilibrada y lo hace con una técnica de fragmentación extrema y casi exclusivamente en segunda persona. Finalmente, *La catira* es el resultado de observaciones directas de Cela en su estancia de cuatro meses en Venezuela. Ni profunda ni trascendental, es una obra escrita en forma poética en la que Cela ha incorporado el peculiar dialecto del llano venezolano.

El hecho de que Cela se encamina por distintos derroteros con cada novela nueva que produce, le ha hecho vulnerable a la acusación de que carece de autenticidad. Tal vez no ha encontrado aún el camino más indicado para él. Por otra parte el temperamento básico del autor resulta en ciertas características que abarcan su producción entera. Salta a la vista que Cela ha renunciado a las tendencias deshumanizantes tan prevalecientes durante la primera parte de este siglo, volviendo en cambio al tradicional realismo español. Así expresa su admiración por los grandes realistas del siglo diecinueve: "A mí, particularmente, Dickens me parece uno de los más grandes novelistas de la Humanidad: uno cualquiera de los iguales lados del cuadrado que formaría con Dostoiewski, con Balzac y con Stendhal ..." Escoge a Dostoiewski como "el hombre más admirable que han visto los siglos" y "el más profundo novelista psicólogo de todos los tiempos." [5] Entre los escritores norteamericanos Cela demuestra afinidad con Hemingway, Steinbeck y Dos Passos, y entre los españoles modernos su conformidad con Baroja es evidente. Su predilección por retratar la vida en sus peores aspectos se la puede atribuir a su perspectiva pesimista del hombre y a su convicción de que el escritor es la conciencia de su tiempo. No es que el objeto del novelista deba ser didáctico, a menos que lo sea tácitamente, mas si su causa ha de ser noble, debe luchar contra la mentira y el engaño. El escritor que embellece figuras o situaciones se prostituye y presta un mal servicio a sus lectores. Cela pues no es ciego a la amargura que se ve en la realidad. Basándose en su agudo poder de observación, describe la fealdad que existe en la vida junto a sus placeres y dulzuras, la anormalidad que existe como fuerza latente en cada hombre. Cela en sus novelas prefiere enfocar este aspecto de la realidad. Este es su derecho como novelista.

Al mismo tiempo que observa con agudeza y demuestra estar enterado de la realidad, Cela también ejercita su sentido de lo poético y siempre escribe en una prosa rica y expresiva. Se le ha comparado a Valle-Inclán por su destreza en el manejo del lenguaje, y hay quien le ha juzgado mejor estilista que novelista. En verdad su acierto en encontrar la palabra o frase que mejor transmite el significado debido o el tono deseado es extraordinario. Su prosa está salpicada por todas partes de comparaciones atrevidas y sugestivas, de frases populares o refranes,

[5] *Mesa revuelta*, págs. 148, 14, 121.

de adjetivos colocados de forma que prestan al contenido el mayor brillo y al ritmo la mayor musicalidad. Su lenguaje capta los matices apropiados y evita los que no lo son, desviándose de lo corriente lo justo para añadir interés y originalidad. Escribe con esmero y sentimiento de poeta como no lo hace ninguno de sus contemporáneos. En un artículo titulado "Hacia una revalorización del idioma,"[6] advierte al que escriba en español que tiene a su disposición una de las lenguas más ricas del mundo y que debe usarla bien. Añade que el escritor debe estar siempre consciente de la lengua. En sus propias novelas esta preocupación por el lenguaje toma en ocasiones tales proporciones que tiende a eclipsar el tema. Esto puede dejar la impresión de que nos encontramos con una obra que posee gracia, humor y fuerza pero que es floja en cuanto a problemas e ideas y profundidad de caracteres.

La primera novela de Cela representa el resurgimiento del género tras la infructuosidad de los años de la guerra civil. Cuando empezó a escribir *La familia de Pascual Duarte* en el otoño de 1941, Cela contaba veinticinco años de edad y era empleado del gobierno en el Sindicato Nacional Textil. Como tenía poco trabajo en que ocupar su tiempo, empezó la novela para matar el aburrimiento, y, a pesar de una seria enfermedad que interrumpió el progreso, terminó su trabajo en menos de dos meses, proeza especialmente digna de elogio cuando tomamos en cuenta que Cela acostumbra corregir y revisar con esmero su obra. La primera edición de *Pascual Duarte*, después de haber sido rechazada por una editorial, apareció en diciembre de 1942. Su éxito fué inmediato, pero este nuevo libro que tanto se apartaba de las tradiciones y trataba de las calamitosas condiciones de forma tan brutal, suscitó tal furor que fué retirado de la circulación por la censura poco después de la publicación de la segunda edición en noviembre de 1943. Sin embargo, cuando ejemplares de la edición argentina comenzaron a circular clandestinamente en España en 1945, fué autorizado de nuevo, y ahora, tras nueve ediciones en español y muchas tra-

[6] *Mesa revuelta*, págs. 79–81.

ducciones a idiomas extranjeros, sigue siendo una de las novelas
más importantes y más leídas de la postguerra.

Como se ha indicado, *La familia de Pascual Duarte* constituye para algunos la iniciación del movimiento tremendista,
y como tal representa uno de los comentarios en el período contemporáneo sobre la condición humana. En atmósfera y detalles
no sólo se la reconoce como española, sino típica de la parte de
España en que se desarrolla su acción. Las aldeas de Extremadura padecen hambre. Badajoz, provincia nativa de Pascual
Duarte, aunque la más grande de España, está exiguamente
poblada y es una de las más atrasadas y pobres. Es una monótona planicie, fría en invierno y muy calurosa en verano. La
tierra es fértil, pero su cultivo es difícil debido a sequías e inundaciones, y el riego es casi imposible. La vida es dura en un
territorio de historia económica tan adversa, siendo sus habitantes generalmente ágiles y robustos pero también serios, taciturnos y austeros. Las fuerzas que hicieron a Pascual tal como
era están allí activas. Además, esta región vió mucha matanza
durante la guerra civil, mucha lucha y brutales represalias, y
los asesinatos sin fundamento aparente no eran extraño suceso
por entonces. Pascual, muchacho campesino de una aldea rural,
puede considerarse producto de su herencia, su ambiente y el
momento histórico, con ciertos sesgos peculiarmente individuales completando su personalidad.

Aunque el tema de la muerte predomina en *La familia de
Pascual Duarte* y está acompañado de violencia, crimen y angustia, el lector que al dejar la obra lo hace con una sensación
de absoluta repugnancia y nada más, ha respondido solamente a
las espantosas impresiones de la obra y no a lo que hay bajo la
superficie, pues Pascual es víctima tanto como es agresor, y
hay mucho en él que inspira compasión. Pascual no es malo del
todo. Si evoluciona hasta convertirse en monstruo no debe
echarse a él la culpa por completo. Aunque la naturaleza de
Pascual es en parte responsable por sus acciones, él vive rodeado
de una sociedad que no tiene valores positivos que ofrecerle,
de una familia que ha frustrado su sed de compasión y cariño.
En boca de su confesor al final del libro, Pascual era "un manso
cordero, acorralado y asustado por la vida." Es claro que Pas-

cual es un carácter complejo que es muy avisado y sensitivo, que demuestra ternura y afecto, hasta cierto giro poético, pero no le es posible sobreponerse a su ambiente. Sus apuros resultan de que el único comportamiento que conoce para resolver sus problemas es la violencia física. Mas el constante recurrir a la violencia no disminuye la sinceridad de sus repetidos arrepentimientos. En momentos de lucidez y calma es un hombre que piensa y medita sobre los problemas universales, pero en sus acciones se guía por impulso, por instinto, ese mal instinto que corre por las venas de su familia. El error de Pascual es que se toma la justicia por su mano, de individuo a individuo; así pues no puede evitar ser criminal. Gregorio Marañón, en un prólogo a la novela, asevera que Pascual Duarte es "el arquetipo de una variedad humana de profunda realidad; la del juez elemental, incapaz de comprender que lo bueno y lo malo no son ... valores absolutos y opuestos, como la cara y cruz de una moneda; sino valores arbitrarios y cambiantes, creados por la cultura en una larga experiencia amasada con el fermento doloroso del error." El peor enemigo de Pascual, entonces, es un inexorable destino que le fuerza a ser como es, del que él se da perfecta cuenta, y al que se resigna como a una suerte ineludible.

En el mundo artístico que Cela ha moldeado en *Pascual Duarte,* el autor se ha esforzado todo lo posible por crear la ilusión de total objetividad y despego del asunto, intención que se ve apoyada por la narración en primera persona y por los artificios técnicos que empiezan y terminan el libro. Cela ha dicho en otra parte: "A mi desdichado Pascual Duarte le hago decir cosas que, ciertamente, a mí me daría cierto rubor decirlas." [7] Dejando inferir su filosofía personal sin expresarla, el autor ha dado a Pascual tanta independencia como puede poseer una creación literaria, y le ha pintado a él así como al ambiente que le rodea con un realismo tan despiadado como alarmante. La novela está cuidadosamente concebida, en gran parte en el plano de incidente; y con los cuadros alternos de Pascual en acción y Pascual absorto en contemplación hay un constante avance hacia el clímax. Cierto humor grotesco, no muy distinto al que encontramos en la novela picaresca, sirve de contrapeso al efecto

[7] *Mesa revuelta,* pág. 94.

causado por las atrocidades cometidas. El diálogo entre los personajes, rápido, terso y dramático, resulta tan revelador como los pasajes descriptivos, y ambos obtienen su fuerza expresiva de manera parca y condensada. Como siempre en las obras de Cela, el lenguaje está lleno de imágenes y rebosa tradiciones populares. De vez en cuando eleva las escenas a las cumbres de un poético surrealismo reminiscente de García Lorca. El estilo de Cela, sencillo y difícil a la vez, es una de las mejores cualidades de la novela.

"La tremenda historia de Pascual Duarte—dice Marañón—como la de los héroes griegos o la de algunos protagonistas de la gran novela rusa, es tan radicalmente humana que no pierde un solo instante el ritmo y la armonía de la verdad; y la verdad jamás es monstruosa ni inmoral ..." Por esta razón esta obra intensamente española tiene aplicación universal. Cualesquiera que sean las faltas de esta novela—y es innegable que las tiene—siempre tendrá importancia histórica, y por sus intrínsecos méritos literarios sigue siendo la obra más conocida de un escritor de mucho talento que se encuentra en el apogeo de su carrera.

BIBLIOGRAFIA SELECTA

I. Obras de Cela

Avila (Barcelona, 1952); viajes.

Baraja de invenciones (Valencia, 1953); cuentos.

El bonito crimen del carabinero, y otras invenciones (Barcelona, 1947); cuentos.

Cajón de sastre (Madrid, 1957); artículos.

Cancionero de la Alcarria (San Sebastián, 1948); poesías.

La catira (Barcelona, 1955); novela.

La colmena (Buenos Aires, 1951); novela.

La cucaña. I. La rosa (Barcelona, 1959); memorias.

Del Miño al Bidasoa; notas de un vagabundaje (Barcelona, 1952); viajes.

Esas nubes que pasan (Madrid, 1945); cuentos.

La familia de Pascual Duarte (Madrid, 1942); novela.

El gallego y su cuadrilla y otros apuntes carpetovetónicos (Madrid, 1951; nueva edición corregida y aumentada, Barcelona, 1955); caricaturas.

Historias de España. Los ciegos. Los tontos (Madrid, 1957); caricaturas.

Judíos, moros y cristianos (Barcelona, 1956); viajes.

Mesa revuelta (Madrid, 1945; nueva edición aumentada, 1957); artículos.

Mis páginas preferidas (Madrid, 1956).

El molino de viento y otras novelas cortas (Barcelona, 1956).

El monasterio y las palabras (Madrid, 1945); poesías.

Mrs. Caldwell habla con su hijo (Barcelona, 1953); novela.

Nuevas andanzas y desventuras de Lazarillo de Tormes (Madrid, 1944); novela.

Nuevo retablo de Don Cristobita (Barcelona, 1957); cuentos.

Pabellón de reposo (Madrid, 1944); novela.

Pisando la dudosa luz del día (Barcelona, 1945); poesías.

Primer viaje andaluz (Barcelona, 1959); viajes.

La rueda de los ocios (Barcelona, 1957); artículos.

Vagabundo por Castilla (Barcelona, 1955); viajes.

Viaje a la Alcarria (Madrid, 1948); viajes.

Los viejos amigos. Primera serie (Barcelona, 1960); perfiles literarios.

II. Obras críticas

Juan Luis Alborg, *Hora actual de la novela española* (Madrid, 1958).

Mariano Baquero Goyanes, "La novela española de 1939 a 1953," *Cuadernos Hispanoamericanos,* XXIV (Julio 1955), 81–95.

Arturo Barea, "La obra de Camilo José Cela," *Cuadernos,* núm. 7 (1954), págs. 39–43.

Arturo Benet, "A propósito de 'La Catira,' " *Alcántara,* XI (Oct.–Dic. 1955), 63–66.

Pablo Cabañas, "Camilo José Cela, novelista," *Cuadernos de Literatura,* II (Julio–Agto. 1947), 87–114.

José María Castellet, *Notas sobre literatura española contemporánea* (Barcelona, 1955).

Sherman Eoff, "Tragedy of the Unwanted Person, in Three Versions: Pablos de Segovia, Pito Pérez, Pascual Duarte," *Hispania,* XXXIX (1956), 190–196.

Carlos Fernández Cuenca, "Camilo José Cela escribió 'La familia de Pascual Duarte' aislándose en una oficina sindical," *Correo Literario* (15 abril 1953), págs. 16, 14.

Olga P. Ferrer, "La literatura española tremendista y su nexo con el existencialismo," *Revista Hispánica Moderna,* XXII (1956), 297–303.

Marino Gómez-Santos, "Cela cuenta su vida," en *Diálogos españoles* (Madrid, 1958).

Antonio de Hoyos, *Ocho escritores actuales* (Murcia, 1954).

Jerónimo Mallo, "Caracterización y valor del 'tremendismo' en la novela española contemporánea," *Hispania,* XXXIX (1956), 49–55.

Jacob Ornstein y James Y. Causey, "Camilo José Cela. Spain's New Novelist," *Books Abroad*, XXVII (1953), 136–137.

Domingo Pérez Minik, *Novelistas españoles de los siglos XIX y XX* (Madrid, 1957).

Federico Carlos Sainz de Robles, *La novela española en el siglo XX* (Madrid, 1957).

Gonzalo Torrente Ballester, *Panorama de la literatura española contemporánea* (Madrid, 1956).

Gonzalo Torrente Ballester, "Los problemas de la novela española contemporánea," *Arbor*, IX (1948), 395–400.

La familia de
Pascual Duarte

*Dedico esta novela a mi amigo
Víctor Ruiz Iriarte.*

*Dedico esta edición a mis ene-
migos, que tanto me han ayudado en mi carrera.*

Nota del Transcriptor

Me parece que ha llegado la ocasión de dar a la imprenta las memorias de Pascual Duarte. Haberlas dado antes hubiera sido quizás un poco precipitado; no quise acelerarme en su preparación, porque todas las cosas quieren su tiempo,[1] incluso la corrección de la errada ortografía de un manuscrito, y porque a nada bueno ha de conducir una labor trazada, como quien dice,[2] a uña de caballo. Haberlas dado después, no hubiera tenido, para mí, ninguna justificación; las cosas deben ser mostradas una vez acabadas.

Encontradas, las páginas que a continuación transcribo, por mí y a mediados del año 39, en una farmacia de Almendralejo—donde Dios sabe qué ignoradas manos las depositaron—me he ido entreteniendo, desde entonces acá, en irlas traduciendo y ordenando, ya que el manuscrito—en parte debido a la mala letra y en parte también a que las cuartillas me las encontré sin numerar y no muy ordenadas—, era punto menos que ilegible.

Quiero dejar bien patente desde el primer momento, que en la obra que hoy presento al curioso lector no me pertenece sino la transcripción; no he corregido ni añadido ni una tilde, porque he querido respetar el relato hasta en su estilo. He preferido, en algunos pasajes demasiado crudos de la obra, usar de la tijera y cortar por lo sano; el procedimiento priva, evidentemente, al lector de conocer algunos pequeños detalles—que nada pierde con ignorar—; pero presenta, en cambio, la ventaja de evitar el que recaiga la vista en intimidades incluso repugnantes, sobre las que—repito—me pareció más conveniente la poda que el pulido.

El personaje, a mi modo de ver, y quizás por lo único que

---

1 **todas ... tiempo**   everything must be done in its own time
2 **como quien dice**   as they say

lo saco a la luz,[3] es un modelo de conductas; un modelo no para imitarlo, sino para huirlo; un modelo ante el cual toda actitud de duda sobra; un modelo ante el que no cabe sino decir:

—¿Ves lo que hace? Pues hace lo contrario de lo que debiera.

Pero dejemos que hable Pascual Duarte, que es quien tiene cosas interesantes que contarnos.

[3] **por lo único ... luz**   for this reason alone am I presenting him

Carta Anunciando el Envío del Original

Señor don Joaquín Barrera López.
Mérida.

Muy señor mío:

Usted me dispensará de que le envíe este largo relato en
5 compañía de esta carta, también larga para lo que es, pero como
resulta que de los amigos de don Jesús González de la Riva (que
Dios haya perdonado, como a buen seguro él me perdonó a mí)
es usted el único del que guardo memoria de las señas, a usted
quiero dirigirlo por librarme de su compañía, que me quema
10 sólo de pensar que haya podido escribirlo, y para evitar el que lo
tire [1] en un momento de tristeza, de los que Dios quiere darme
muchos por estas fechas, y prive de esa manera a algunos de
aprender lo que yo no he sabido hasta que ha sido ya demasiado
tarde.
15 Voy a explicarme un poco. Como desgraciadamente no se
me oculta que mi recuerdo más ha de tener de maldito que de
cosa alguna,[2] y como quiero descargar, en lo que pueda, mi conciencia con esta pública confesión, que no es poca penitencia, es
por lo que me he inclinado a relatar algo de lo que me acuerdo de
20 mi vida. Nunca fué la memoria mi punto fuerte, y sé que es muy
probable que me haya olvidado de muchas cosas incluso interes-
santes, pero a pesar de ello me he metido a contar aquella parte
que no quiso borrárseme de la cabeza y que la mano no se resis-
tió a trazar sobre el papel, porque otra parte hubo que al inten-
25 tar contarla sentía tan grandes arcadas en el alma que preferí
callármela y ahora olvidarla. Al empezar a escribir esta especie

---

1 **el que lo tire**   my throwing it out
2 **más ... alguna**   is to be more cursed than anything else

6

de memorias me daba buena cuenta de que algo habría en mi
vida—mi muerte, que Dios quiera abreviar—que en modo alguno podría yo contar; mucho me dió que cavilar este asuntillo
y, por la poca vida que me queda, podría jurarle que en más
de una ocasión pensé desfallecer cuando la inteligencia no me 5
esclarecía dónde debía poner final. Pensé que lo mejor sería
empezar y dejar el desenlace para cuando Dios quisiera dejarme
de la mano,[3] y así lo hice; hoy, que parece que ya estoy aburrido
de todos los cientos de hojas que llené con mi palabrería, sus-
pendo definitivamente el seguir escribiendo para dejar a su ima- 10
ginación la reconstrucción que no ha de serle difícil, porque, a
más de ser poco seguramente, entre estas cuatro paredes no creo
que grandes nuevas cosas me hayan de suceder.

Me atosigaba, al empezar a redactar lo que le envío, la idea
de que por aquellas fechas ya alguien sabía si había de llegar al 15
fin de mi relato, o dónde habría de cortar si el tiempo que he
gastado hubiera ido mal medido,[4] y esa seguridad de que mis
actos habían de ser, a la fuerza, trazados sobre surcos ya previs-
tos, era algo que me sacaba de quicio. Hoy, más cerca ya de la
otra vida, estoy más resignado. Que Dios se haya dignado darme 20
su perdón.

Noto cierto descanso después de haber relatado todo lo que
pasé, y hay momentos en que hasta la conciencia quiere remor-
derme menos.

Confío en que usted sabrá entender lo que mejor no le 25
digo, porque mejor no sabría.[5] Pesaroso estoy ahora de haber
equivocado mi camino, pero ya ni pido perdón en esta vida.
¿Para qué? Tal vez sea mejor que hagan conmigo lo que está
dispuesto, porque es más que probable que si no lo hicieran volviera a las andadas. No quiero pedir el indulto, porque es de- 30
masiado lo malo que la vida me enseñó y mucha mi flaqueza para
resistir al instinto. Hágase lo que está escrito en el libro de los
Cielos.

[3] **cuando ... mano** when God should choose to take away his hand
(i.e., when I die)

[4] **o dónde ... medido** or where I would have to break off if the time
which I have spent should have been poorly gauged

[5] **sabrá ... sabría** will be able to understand what I don't express too
well, because I wouldn't know how [to express it] better.

Reciba, señor don Joaquín, con este paquete de papel escrito, mi disculpa por haberme dirigido a usted, y acoja este ruego de perdón que le envía, como si fuera al mismo don Jesús, su humilde servidor.

PASCUAL DUARTE.

Cláusula del Testamento Ológrafo Otorgado por Don Joaquín Barrera López, Quien por Morir sin Descendencia Legó sus Bienes a las Monjas del Servicio Doméstico[1]

Cuarta: Ordeno que el paquete de papeles que hay en el cajón de mi mesa de escribir, atado con bramante, y rotulado en lápiz rojo diciendo: «Pascual Duarte», sea dado a las llamas sin leerlo, y sin demora alguna, por disolvente y contrario a las buenas costumbres. No obstante, y si la Providencia dispone que, 5 sin mediar malas artes de nadie,[2] el citado paquete se libre durante dieciocho meses de la pena que le deseo, ordeno al que lo encontrare lo libre de la destrucción, lo tome para su propiedad y disponga de él según su voluntad, si no está en desacuerdo con la mía. 10

. . . .

Dado en Mérida (Badajoz) y en trance de muerte, a 11 de mayo de 1937.

---

[1] **monjas del servicio doméstico** *an order of nuns who care for under-privileged girls, often placing them in homes as domestics*
[2] **sin mediar ... nadie** without anybody's tampering with it

9

A la memoria del insigne patricio
don Jesús González de la Riva,
Conde de Torremejía, quien al irlo
a rematar el autor de este escrito, le
llamó Pascualillo y sonreía.

P. D.

[I]

Yo, señor, no soy malo, aunque no me faltarían motivos para serlo. Los mismos cueros tenemos todos los mortales al nacer y sin embargo, cuando vamos creciendo, el destino se complace en variarnos como si fuésemos de cera y destinarnos por sendas diferentes al mismo fin: la muerte. Hay hombres a quienes se les 5 ordena marchar por el camino de las flores, y hombres a quienes se les manda tirar por el camino de los cardos y de las chumberas. Aquéllos gozan de un mirar sereno y al aroma de su felicidad sonríen con la cara inocente; estos otros sufren del sol violento de la llanura y arrugan el ceño como las alimañas por defen- 10 derse. Hay mucha diferencia entre adornarse las carnes con arrebol y colonia, y hacerlo con tatuajes que después nadie ha de borrar ya ...

Nací hace ya muchos años—lo menos cincuenta y cinco— en un pueblo perdido por la provincia de Badajoz; el pueblo es- 15 taba a unas dos leguas de Almendralejo, agachado sobre una carretera lisa y larga como un día sin pan, lisa y larga como los días—de una lisura y una largura como usted, para su bien,[1] no puede ni figurarse—de un condenado a muerte ...

Era un pueblo caliente y soleado, bastante rico en olivos y 20 guarros (con perdón), con las casas pintadas tan blancas, que aún me duele la vista al recordarlas, con una plaza toda de losas, con una hermosa fuente de tres caños en medio de la plaza. Hacía ya varios años, cuando del pueblo salí, que no manaba el agua de las bocas y sin embargo, ¡qué airosa!, ¡qué elegante!, 25 nos parecía a todos la fuente con su remate figurando un niño desnudo, con su bañera toda rizada al borde como las conchas de los romeros.[2] En la plaza estaba el Ayuntamiento, que era grande

---

[1] **para su bien** luckily for you
[2] **conchas de los romeros** shells of the pilgrims (*Shells are an emblem associated with long voyages or pilgrimages, such as those to the shrine of Santiago in northern Spain.*)

y cuadrado como un cajón de tabaco, con una torre en medio, y
en la torre un reló, blanco como una hostia, parado siempre en
las nueve como si el pueblo no necesitase de su servicio, sino sólo
de su adorno. En el pueblo, como es natural, había casas buenas
5 y casas malas, que son, como pasa con todo, las que más abun-
dan; había una de dos pisos, la de don Jesús, que daba gozo de
verla con su recibidor todo lleno de azulejos y macetas. Don
Jesús había sido siempre muy partidario de las plantas, y para
mí que tenía ordenado al ama vigilase [3] los geranios, los helio-
10 tropos, y las palmas, y la hierbabuena, con el mismo cariño que
si fuesen hijos, porque la vieja andaba siempre correteando con
un cazo en la mano, regando los tiestos con un mimo que a no
dudar agradecían los tallos, tales eran su lozanía y su verdor.
La casa de don Jesús estaba también en la plaza y, cosa rara para
15 el capital [4] del dueño que no reparaba en gastar, se diferenciaba
de las demás, además de en todo lo bueno que llevo dicho,[5] en
una cosa en la que todas le ganaban: en la fachada, que parecía
del color natural de la piedra, que tan ordinario hace,[6] y no en-
jalbegada como hasta la del más pobre estaba; sus motivos ten-
20 dría. Sobre el portal había unas piedras de escudo, de mucho
valer, según dicen, terminadas en unas cabezas de guerreros de
la antigüedad, con su cabezal y sus plumas, que miraban, una
para el Levante y otra para el Poniente, como si quisieran re-
presentar que estaban vigilando lo que de un lado o de otro po-
25 dríales venir. Detrás de la plaza, y por la parte de [7] la casa de
don Jesús, estaba la parroquial con su campanario de piedra y
su esquilón que sonaba de una manera que no podría contar,
pero que se me viene a la memoria como si estuviese sonando
por estas esquinas ... La torre del campanario era del mismo alto
30 que la del reló y en verano, cuando venían las cigüeñas, ya
sabían en qué torre habían estado el verano anterior; la cigüeña cojita, que aún aguantó dos inviernos, era del nido de la

---

3 para mí ... vigilase I guess he had ordered the housekeeper to look
after
4 para el capital considering the wealth
5 llevo dicho = he dicho
6 que tan ordinario hace which gives such an ordinary appearance
7 por la parte de in the direction of; near

parroquial, de donde hubo de caerse, aún muy tierna, asustada por el gavilán.

Mi casa estaba a fuera del pueblo, a unos doscientos pasos largos de las últimas de la piña. Era estrecha y de un solo piso, como correspondía a mi posición, pero como llegué a tomarle ca- 5 riño, temporadas hubo en que hasta me sentía orgulloso de ella. En realidad lo único de la casa que se podía ver[7a] era la cocina, lo primero que se encontraba al entrar, siempre limpia y blanqueada con primor; cierto es que el suelo era de tierra, pero tan bien pisada la tenía, con sus guijarrillos haciendo dibujos, que en 10 nada desmerecía de otras muchas en las que el dueño había echado pórlan por sentirse más moderno. El hogar era amplio y despejado y alrededor de la campana teníamos un vasar con lozas de adorno, con jarras con recuerdos [8] pintados en azul, con platos con dibujos azules o naranja; algunos platos tenían una cara 15 pintada, otros una flor, otros un nombre, otros un pescado. En las paredes teníamos varias cosas: un calendario muy bonito que representaba una joven abanicándose sobre una barca y debajo de la cual se leía en letras que parecían de polvillo de plata, «Modesto Rodríguez. Ultramarinos finos. Mérida (Ba- 20 dajoz)», un retrato de «Espartero» con el traje de luces dado de color y tres o cuatro fotografías—unas pequeñas y otras regular [9]—de no sé quién, porque siempre las vi en el mismo sitio y no se me ocurrió nunca preguntar. Teníamos también un reló despertador colgado de la pared, que no es por nada,[10] 25 pero siempre funcionó como Dios manda,[11] y un acerico de peluche colorado, del que estaban clavados unos bonitos alfileres con sus cabecitas de vidrio de color. El mobiliario de la cocina era tan escaso como sencillo: tres sillas—una de ellas muy fina, con su respaldo y sus patas de madera curvada, y su culera de re- 30 jilla—y una mesa de pino, con su cajón correspondiente, que resultaba algo baja para las sillas, pero que hacía su avío. En la cocina se estaba bien: [12] era cómoda y en el verano, como no

---

[7a] **lo único . . . ver**   the only part of the house that was endurable
[8] **recuerdos**   souvenirs (*mottos reading "Souvenir of . . ."*)
[9] **regular** = de tamaño regular
[10] **que no es por nada**   which isn't much
[11] **como Dios manda** = **perfectamente**
[12] **se estaba bien**   one could be quite comfortable

la encendíamos,[13] se estaba fresco sentado sobre la piedra del hogar cuando, a la caída de la tarde, abríamos las puertas de par en par; en el invierno se estaba caliente con las brasas, que, a veces, cuidándolas un poco, guardaban el rescoldo toda la
5 noche. ¡Era gracioso mirar las sombras de nosotros por la pared, cuando había unas llamitas! Iban y venían, unas veces lentamente, otras a saltitos como jugando. Me acuerdo que de pequeño, me daban miedo, y aún ahora, de mayor, me corre un estremecimiento cuando traigo memoria de aquellos miedos.
10   El resto de la casa no merece la pena ni describirlo, tal era su vulgaridad. Teníamos otras dos habitaciones, si habitaciones hemos de llamarlas por eso de que estaban habitadas, ya que no por otra cosa alguna, y la cuadra, que en muchas ocasiones pienso ahora que no sé por qué la llamábamos así, de vacía y des-
15 amparada como la teníamos.[14] En una de las habitaciones dormíamos yo y mi mujer, y en la otra mis padres hasta que Dios, o quién sabe si el diablo, quiso llevárselos; después quedó vacía casi siempre, al principio porque no había quien la ocupase, y más tarde, cuando podía haber habido alguien, porque este al-
20 guien prefirió siempre la cocina, que además de ser más clara no tenía soplos. Mi hermana, cuando venía, dormía siempre en ella, y los chiquillos, cuando los tuve, también tiraban para allí en cuanto se despegaban de la madre. La verdad es que las habitaciones no estaban muy limpias ni muy construidas, pero en
25 realidad tampoco había para [15] quejarse, se podía vivir, que es lo principal, a resguardo de las nubes de Navidad,[16] y a buen recaudo—para lo que uno se merecía [17]—de las asfixias de la Virgen de agosto.[18] La cuadra era lo peor; era lóbrega y oscura, y en sus paredes estaba empapado el mismo olor a bestia muerta que
30 desprendía el despeñadero cuando allá por [19] el mes de mayo

---

13 **como no la encendíamos**   as we didn't light a fire in it
14 **de vacía ... teníamos**   so empty and abandoned did we keep it
15 **había para**   was there anything to
16 **las nubes de Navidad** = **el frío del invierno**
17 **para lo que uno se merecía**   as much as one could expect
18 **las asfixias ... agosto** = **el calor del verano** (*reference to the Feast of the Assumption, Catholic holiday celebrated on August 15*)
19 **allá por**   around

comenzaban los animales a criar la carroña que los cuervos ha-
bíanse de comer ...

Es extraño, pero de mozo, si me privaban de aquel olor me
entraban unas angustias como de muerte; me acuerdo de aquel
viaje que hice a la capital por mor de las quintas; anduve todo 5
el día de Dios [20] desazonado, venteando los aires como un perro
de caza. Cuando me fuí a acostar, en la posada, olí mi pantalón
de pana. La sangre me calentaba todo el cuerpo ... Quité a un
lado la almohada y apoyé la cabeza para dormir sobre mi pantalón, doblado. Dormí como una piedra aquella noche. 10

En la cuadra teníamos un burrillo matalón y escurrido de
carnes [21] que nos ayudaba en la faena y, cuando las cosas venían
bien dadas,[22] que dicho sea pensando en la verdad [23] no siempre ocurría, teníamos también un par de guarros (con perdón)
o tres. En la parte de atrás de la casa teníamos un corral o sale- 15
dizo, no muy grande, pero que nos hacía su servicio, y en él un
pozo que andando el tiempo hube de cegar porque dejaba manar un agua muy enfermiza.

Por detrás del corral pasaba un regato, a veces medio seco
y nunca demasiado lleno, cochino y maloliente como tropa de 20
gitanos, y en el que podían cogerse unas anguilas hermosas,
como yo algunas tardes y por matar el tiempo me entretenía en
hacer. Mi mujer, que en medio de todo tenía gracia, decía que
las anguilas estaban rollizas porque comían lo mismo que don
Jesús, sólo que un día más tarde. Cuando me daba por pescar se 25
me pasaban las horas tan sin sentirlas, que cuando tocaba a
recoger los bártulos casi siempre era de noche; allá, a lo lejos,
como una tortuga baja y gorda, como una culebra enroscada,
que temiese despegarse del suelo, Almendralejo comenzaba a
encender sus luces eléctricas ... Sus habitantes a buen seguro 30
que ignoraban que yo había estado pescando, que estaba en
aquel momento mismo mirando cómo se encendían las luces
de sus casas, imaginando incluso cómo muchos de ellos decían
cosas que a mí se me figuraban o hablaban de cosas que a mí se

[20] **todo el día de Dios**   the livelong day
[21] **escurrido de carnes**   skinny
[22] **cuando las cosas ... dadas**   when things were going well
[23] **dicho sea ... verdad**   if the truth were told

me ocurrían. ¡Los habitantes de las ciudades viven vueltos de espaldas a la verdad y muchas veces ni se dan cuenta siquiera de que a dos leguas, en medio de la llanura, un hombre del campo se distrae pensando en ellos mientras dobla la caña de 5 pescar, mientras recoge del suelo el cestillo de mimbre con seis o siete anguilas dentro! ...

Sin embargo, la pesca siempre me pareció pasatiempo poco de hombres, y las más de las veces dedicaba mis ocios a la caza; en el pueblo me dieron fama de no hacerlo mal del todo y, mo- 10 destia aparte, he de decir con sinceridad que no iba descaminado quien me lo decía. Tenía una perrilla perdiguera—la *Chispa*—, medio ruin, medio bravía, pero que se entendía muy bien conmigo; con ella me iba muchas mañanas hasta la Charca, a legua y media del pueblo hacia la raya de Portugal, y nunca 15 nos volvíamos de vacío para casa. Al volver, la perra se me ade- lantaba y me esperaba siempre junto al cruce; había allí una piedra redonda y achatada como una silla baja, de la que guardo tan grato recuerdo como de cualquier persona; mejor, segura- mente, que el que guardo de muchas de ellas ... Era ancha y algo 20 hundida y cuando me sentaba se me escurría un poco el trasero (con perdón) y quedaba tan acomodado que sentía tener que dejarla; me pasaba largos ratos sentado sobre la piedra del cruce, silbando, con la escopeta entre las piernas, mirando lo que había de verse, fumando pitillos. La perrilla, se sentaba enfrente de 25 mí, sobre sus dos patas de atrás, y me miraba, con la cabeza la- deada, con sus dos ojillos castaños muy despiertos; yo le hablaba y ella, como si quisiese entenderme mejor, levantaba un poco las orejas; cuando me callaba aprovechaba para dar unas carreras detrás de los saltamontes, o simplemente para cambiar de pos- 30 tura. Cuando me marchaba, siempre, sin saber por qué, había de volver la cabeza hacia la piedra, como para despedirme, y hubo un día que debió parecerme tan triste por mi marcha,[24] que no tuve más suerte que volver mis pasos a sentarme de nuevo ... La perra volvió a echarse frente a mí y volvió a mi- 35 rarme; ahora me doy cuenta de que tenía la mirada de los confe- sores, escrutadora y fría, como dicen que es la de los linces ...

---

[24] **por mi marcha = a causa de mi marcha**

Un temblor recorrió todo mi cuerpo; parecía como una corriente que forzaba por salirme por los brazos. El pitillo se me había apagado; la escopeta, de un solo caño, se dejaba acariciar, lentamente, entre mis piernas. La perra seguía mirándome fija, como si no me hubiera visto nunca, como si fuese a culparme de algo de un momento a otro, y su mirada me calentaba la sangre de las venas de tal manera que se veía llegar el momento en que tuviese que entregarme; hacía calor, un calor espantoso, y mis ojos se entornaban dominados por el mirar, como un clavo, del animal ...

Cogí la escopeta y disparé; volví a cargar y volví a disparar. La perra tenía una sangre oscura y pegajosa que se extendía poco a poco por la tierra.

[II]

DE mi niñez no son precisamente buenos recuerdos los que guardo. Mi padre se llamaba Esteban Duarte Diniz, y era portugués, cuarentón cuando yo niño, y alto y gordo como un monte. Tenía la color tostada y un estupendo bigote negro que
5 se echaba para abajo.[1] Según cuentan, cuando joven le tiraban las guías para arriba,[2] pero, desde que estuvo en la cárcel, se le arruinó la prestancia, se le ablandó la fuerza del bigote y ya para abajo hubo de llevarlo hasta el sepulcro. Yo le tenía un gran respeto y no poco miedo, y siempre que podía escurría el
10 bulto y procuraba no tropezármelo; era áspero y brusco y no toleraba que se le contradijese en nada, manía que yo respetaba por la cuenta que me tenía.[3] Cuando se enfurecía, cosa que le ocurría con mayor frecuencia de lo que se necesitaba, nos pegaba a mi madre y a mí las grandes palizas por cualquiera la cosa, pa-
15 lizas que mi madre procuraba devolverle por ver de [4] corregirlo, pero ante las cuales a mí no me quedaba sino resignación dados mis pocos años. ¡Se tienen las carnes muy tiernas a tan corta edad!

Ni con él ni con mi madre me atreví nunca a preguntar de
20 cuando lo tuvieron encerrado, porque pensé que mayor prudencia sería el no meter los perros en danza,[5] que ya por sí solos danzaban más de lo conveniente; claro es que en realidad no necesitaba preguntar nada porque como nunca faltan almas caritativas, y menos en los pueblos de tan corto personal, gentes
25 hubo a quienes faltó tiempo para venir a contármelo todo. Lo

---

[1] se echaba para abajo   turned down
[2] le tiraban ... arriba   his handlebar moustache turned up
[3] por la cuenta ... tenía   because it was to my advantage
[4] por ver de   to try to; to see if she could
[5] el no meter ... danza   to let sleeping dogs lie (*lit.*, not to put the dogs to dancing)

18

guardaron [6] por contrabandista; por lo visto había sido su oficio durante muchos años, pero como el cántaro que mucho va
a la fuente acaba por romperse, y como no hay oficio sin quiebra,
ni atajo sin trabajo, un buen día, a lo mejor cuando menos lo
pensaba—que la confianza es lo que pierde a los valientes—, le 5
siguieron los carabineros, le descubrieron el alijo, y lo mandaron a presidio. De todo esto debía hacer ya mucho tiempo, porque yo no me acuerdo de nada; a lo mejor ni había nacido.

Mi madre, al revés de mi padre, no era gruesa, aunque andaba muy bien de estatura; [7] era larga y chupada y no tenía 10
aspecto de buena salud, sino que, por el contrario, tenía la tez
cetrina y las mejillas hondas y toda la presencia de estar tísica o
de no andarle muy lejos; era también desabrida y violenta, tenía un humor que se daba a todos los diablos y un lenguaje en
la boca que Dios la haya perdonado, porque blasfemaba las peo- 15
res cosas a cada momento y por los más débiles motivos. Vestía
siempre de luto y era poco amiga del agua, tan poco que si he
de decir verdad, en todos los años de su vida que yo conocí, no
la vi lavarse más que en una ocasión en que mi padre la llamó
borracha y ella quiso como demostrarle que no le daba miedo el 20
agua. El vino en cambio ya no le disgustaba tanto y siempre que
apañaba algunas perras, o que le rebuscaba el chaleco al marido,
me mandaba a la taberna por una frasca que escondía, porque
no se la encontrase mi padre, debajo de la cama. Tenía un bi-
gotillo cano por las esquinas de los labios, y una pelambrera en- 25
marañada y zafia que recogía en un moño, no muy grande,
encima de la cabeza. Alrededor de la boca se le notaban unas cicatrices o señales, pequeñas y rosadas como perdigonadas, que
según creo le habían quedado de unas bubas malignas que tuviera de joven; a veces, por el verano, a las señales les volvía la 30
vida, que les subía la color y acababan formando como alfileritos de pus [8] que el otoño se ocupaba de matar y el invierno de
barrer.

Se llevaban mal mis padres; a su poca educación se unía su
escasez de virtudes y su falta de conformidad con lo que Dios 35

6 **Lo guardaron**   They locked him up
7 **andaba ... estatura**   she was quite tall
8 **alfileritos de pus**   little festering sores

les mandaba—defectos todos ellos que para mi desgracia hube de heredar—y esto hacía que se cuidaran bien poco de pensar los principios y de refrenar los instintos, lo que daba lugar a que cualquier motivo, por pequeño que fuese, bastara para desen-
5 cadenar la tormenta que se prolongaba después días y días sin que se le viese el fin. Yo, por lo general, no tomaba el partido de ninguno porque si he de decir verdad tanto me daba [9] el que cobrase el uno como el otro; unas veces me alegraba de que zurrase mi padre y otras mi madre, pero nunca hice de esto
10 cuestión de gabinete.[10]

Mi madre no sabía leer ni escribir; mi padre sí, y tan orgulloso estaba de ello que se lo echaba en cara cada lunes y cada martes, y con frecuencia, y aunque no viniera a cuento, solía llamarla ignorante, ofensa gravísima para mi madre, que se po-
15 nía como un basilisco. Algunas tardes venía mi padre para casa con un papel en la mano y, quisiéramos que no,[11] nos sentaba a los dos en la cocina y nos leía las noticias; venían después los comentarios y en ese momento yo me echaba a temblar porque estos comentarios eran siempre el principio de alguna bronca.
20 Mi madre, por ofenderlo, le decía que el papel no ponía nada de lo que leía y que todo lo que decía se lo sacaba mi padre de la cabeza, y a éste, el oírla esa opinión le sacaba de quicio; gritaba como si estuviera loco, la llamaba ignorante y bruja y acababa siempre diciendo a grandes voces que si él supiera decir esas
25 cosas de los papeles a buena hora [12] se le hubiera ocurrido casarse con ella. Ya estaba armada.[13] Ella le llamaba desgraciado y peludo, lo tachaba de hambriento y portugués, y él, como si esperara a oír esa palabra para golpearla, se sacaba el cinturón y la corría todo alrededor de la cocina hasta que se hartaba. Yo, al
30 principio, apañaba algún cintarazo que otro, pero cuando tuve más experiencia y aprendí que la única manera de no mojarse es no estando a la lluvia, lo que hacía, en cuanto veía que las

---

[9] **tanto me daba** it was all the same to me
[10] **nunca hice … gabinete** I never made a state case out of it
[11] **quisiéramos que no** whether we liked it or not
[12] **a buena hora** scarcely; hardly
[13] **Ya estaba armada [la bronca]** The fight was on

cosas tomaban mal cariz, era dejarlos solos y marcharme. Allá ellos.[14]

La verdad es que la vida en mi familia poco tenía de placentera, pero como no nos es dado escoger, sino que ya—y aún antes de nacer—estamos destinados unos a un lado y otros a otro, 5 procuraba conformarme con lo que me había tocado, que era la única manera de no desesperar. De pequeño, que es cuando más manejable resulta la voluntad de los hombres, me mandaron una corta temporada a la escuela; decía mi padre que la lucha por la vida era muy dura y que había que irse preparando para 10 hacerla frente con las únicas armas con las que podíamos dominarla, con las armas de la inteligencia. Me decía todo esto de un tirón y como aprendido, y su voz en esos momentos me parecía más velada y adquiría unos matices insospechados para mí ... Después, y como arrepentido, se echaba a reír estrepitosamente 15 y acababa siempre por decirme, casi con cariño:

—No hagas caso, muchacho ... ¡Ya voy para viejo!

Y se quedaba pensativo y repetía en voz baja una y otra vez:

—¡Ya voy para viejo! ... ¡Ya voy para viejo! ...   20

Mi instrucción escolar poco tiempo duró. Mi padre, que, como digo, tenía un carácter violento y autoritario para algunas cosas, era débil y pusilánime para otras: en general tengo observado que el carácter de mi padre sólo lo ejercitaba en asuntillos triviales, porque en las cosas de transcendencia, no sé si por 25 temor o por qué, rara vez hacía hincapié. Mi madre no quería que fuese a la escuela y siempre que tenía ocasión, y aun a veces sin tenerla, solía decirme que para no salir en la vida de pobre [15] no valía la pena aprender nada. Dió en terreno abonado, porque a mí tampoco me seducía la asistencia a las clases, y entre los 30 dos, y con la ayuda del tiempo, acabamos convenciendo a mi padre que optó porque abandonase los estudios. Sabía ya leer y escribir, y sumar y restar, y en realidad para manejarme ya tenía bastante. Cuando dejé la escuela tenía doce años; pero no

---

[14] **Allá ellos**   It was their problem
[15] **para no salir ... pobre**   since one could never escape a life of poverty

vayamos tan de prisa, que todas las cosas quieren su orden y no
por mucho madrugar amanece más temprano.

Era yo de bien corta edad cuando nació mi hermana Rosario. De aquel tiempo guardo un recuerdo confuso y vago y no sé
5 hasta qué punto relataré fielmente lo sucedido; voy a intentarlo
sin embargo, pensando que si bien mi relato pueda pecar de impreciso, siempre estará más cerca de la realidad que las figura-
ciones que, de imaginación y a ojo de buen cubero,[16] pudiera
usted hacerse. Me acuerdo de que hacía calor la tarde en que
10 nació Rosario; debía ser por julio o por agosto. El campo estaba
en calma y agostado y las chicharras, con sus sierras, parecían
querer limarle los huesos a la tierra; las gentes y las bestias estaban recogidas y el sol, allá en lo alto, como señor de todo, ilu-
minándolo todo, quemándolo todo ... Los partos de mi madre
15 fueron siempre muy duros y dolorosos; era medio machorra y
algo seca y el dolor era en ella superior a sus fuerzas. Como la
pobre nunca fué un modelo de virtudes ni de dignidades y como
no sabía sufrir y callar, como yo, lo resolvía todo a gritos. Llevaba ya gritando varias horas cuando nació Rosario, porque—
20 para colmo de desdichas—era de parto lento. Ya lo dice el refrán:
mujer de parto lento y con bigote ... (la segunda parte no la
escribo en atención a la muy alta persona a quien estas líneas
van dirigidas). Asistía a mi madre una mujer del pueblo, la señora Engracia, la del cerro, especialista en duelos y partera,
25 medio bruja y un tanto misteriosa, que había llevado consigo
unas mixturas que aplicaba en el vientre de mi madre por apla-
carla la dolor, pero como ésta, con ungüento o sin él, seguía
dando gritos hasta más no poder, a la señora Engracia no se le
ocurrió mejor cosa que tacharla de descreída y mala cristiana, y
30 como en aquel momento los gritos de mi madre arreciaban como
el vendaval, yo llegué a pensar si no sería cierto que estaba ende-
moniada. Mi duda poco duró, porque pronto quedó esclarecido
que la causa de las desusadas voces había sido mi nueva hermana.

35   Mi padre llevaba largo rato paseando a grandes zancadas
por la cocina. Cuando Rosario nació se arrimó hasta la cama

---

[16] **a ojo de buen cubero**   by guesswork

de mi madre y sin consideración ninguna de la circunstancia, la empezó a llamar bribona y zorra y a arrearle tan fuertes hebillazos que extrañado estoy todavía de que no la haya molido viva. Después se marchó y tardó dos días enteros en volver; cuando lo hizo venía borracho como una bota; se acercó a la cama de mi madre y la besó; mi madre se debaja besar ... Después se fué a dormir a la cuadra.

[III]

A Rosario le armaron un tingladillo con un cajón no muy
hondo, en cuyos fondos esparramaron una almohada entera de
borra, y allí la tuvieron, orilla a la cama de mi madre, envuelta
en tiras de algodón y tan tapada que muchas veces me daba por
5 pensar que acabarían por ahogarla. No sé por qué, hasta entonces, se me había ocurrido imaginar a los niños pequeños blan-
cos como la leche, pero de lo que sí me recuerdo es de la mala
impresión que me dió mi hermanilla cuando la vi pegajosa y
colorada como un cangrejo cocido; tenía una pelusa rala por la
10 cabeza, como la de los estorninos o la de los pichones en el nido,
que andando los meses hubo de perder, y las manitas agarrotadas
y tan claras que mismo daba grima el verlas. Cuando a los tres o
cuatro días de nacer le desenrollaron las tiras por ver de lim-
piarla un poco, pude fijarme bien en cómo era y casi puedo de-
15 cir que no me diera tanta repugnancia como la primera vez;
la color le había clareado, los ojitos—que aún no abría—parecían como querer mover los párpados, y ya las manos me daban
la impresión de haber ablandado. La limpió bien limpiada con
agua de romero la señora Engracia, que otra cosa pudiera ser
20 que no, pero [1] asistenta de los desgraciados sí lo era; la envol-
vió de nuevo en las tiras que libraron menos pringadas; echó a
un lado, por lavarlas, aquellas otras que salieron peor tratadas, y
dejó a la criatura tan satisfecha, que tantas horas seguidas hubo
de dormir, que nadie—por el silencio de mi casa—hubiera dado
25 a pensar que habíamos estado de parto. Mi padre se sentaba en
el suelo, a la vera del cajón, y mirando para la hija se le pasaban
las horas, con una *cara de enamorado*, como decía la señora
Engracia, que a mí casi me hacía olvidar su verdadero sistema.
Después se levantaba, se iba a dar una vuelta por el pueblo,
30 y cuando menos lo pensábamos, a la hora a que menos cos-

[1] **que otra ... pero**   who, whatever else she might have been, yet

tumbre teníamos de verlo venir, allí lo teníamos, otra vez al
lado del cajón, con la cara blanda y la mirada tan humilde que
cualquiera que lo hubiera visto, de no conocerlo, se hubiera
creído ante el mismísimo San Roque.

Rosario se nos crió siempre debilucha y esmirriada—¡poca 5
vida podía sacar de los vacíos pechos de mi madre!—y sus primeros tiempos fueron tan difíciles que en más de una ocasión
estuvo a pique de marcharse. Mi padre andaba desazonado
viendo que la criatura no prosperaba, y como lo resolvía todo
echándose más vino por el gaznate, nos tocó pasar a mi madre 10
y a mí por una temporada que tan mala llegó a ser que echá-
bamos de menos el tiempo pasado que tan duro nos parecía
cuando no lo habíamos conocido peor. ¡Misterios de la manera
de ser de los mortales que tanto aborrecen de lo que tienen para
después echarlo de menos! Mi madre, que había quedado aún 15
más baja de salud que antes de parir, apañaba unas tundas so-
beranas, y a mí, aunque no le resultaba nada fácil cogerme, me
arreaba unas punteras al desgaire cuando me tropezaba, que
vez [2] hubo de levantarme la sangre del trasero (con perdón), o
de dejarme el costillar tan señalado como si me lo hubieran to- 20
cado con el hierro de marcar.

Poco a poco la niña se fué reponiendo y cobrando fuerzas
con unas sopas de vino tinto que a mi madre la recetaron, y como
era de natural despierto, y el tiempo no pasaba en balde, si bien
tardó algo más de lo corriente en aprender a andar, rompió a 25
hablar de muy tierna con tal facilidad y tal soltura que a todos
nos tenía como embobados con sus gracias.

Pasó ese tiempo en que los chiquillos están siempre igual.
Rosario creció, llegó a ser casi una mocita, y en cuanto reparamos
en ella dimos en observar que era más avisada que un lagarto, 30
y como en mi familia nunca nos diera a nadie por hacer uso de [3]
los sesos para el objeto con que nos fueron dados, pronto la niña
se hizo la reina de la casa y nos hacía andar a todos más derechos
que varas. Si el bien hubiera sido su natural instinto, grandes
cosas hubiera podido hacer, pero como Dios se conoce que no 35
quiso que ninguno de nosotros nos distinguiésemos por las bue-

[2] vez = algunas veces
[3] nunca nos diera ... uso de   none of us was ever given to using

nas inclinaciones, encarriló su discurrir hacia otros menesteres
y pronto nos fué dado el conocer que si bien no era tonta, más
hubiera valido que lo fuese; servía para todo y para nada bueno:
robaba con igual gracia y donaire que una gitana vieja, se afi-
5 cionó a la bebida de bien joven, servía de alcahueta para los
devaneos de la vieja, y como nadie se ocupó de enderezarla—y
de aplicar al bien tan claro discurrir—fué de mal en peor hasta
que un día, teniendo la muchacha catorce años, arrampló con lo
poco de valor que en nuestra choza había, y se marchó a Trujillo,
10 a casa de la Elvira. El efecto que su marcha produjo en mi casa
ya se puede figurar usted cuál fué; mi padre culpaba a mi madre, mi madre culpaba a mi padre ... En lo que más se notó la
falta de Rosario fué en las escandaleras de mi padre, porque si
antes, cuando ella estaba, procuraba armarlas fuera de su pre-
15 sencia, ahora, al faltar y al no estar ella nunca delante, cualquiera
hora y lugar le parecía bueno para organizarlas. Es curioso pensar que mi padre, que a bruto y cabezón le ganaban muy pocos,
era a ella la única persona que escuchaba; bastaba una mirada
de Rosario para calmar sus iras, y en más de una ocasión buenos
20 golpes se ahorraron con su sola presencia. ¡Quién iba a suponer
que a aquel hombrón lo había de dominar una tierna criatura!

En Trujillo tiró hasta cinco meses, pasados los cuales unas
fiebres la devolvieron, medio muerta, a casa, donde estuvo en-
camada cerca de un año porque las fiebres, que eran de orden
25 maligna, la tuvieron tan cerca del sepulcro que por oficio de mi
padre—que borracho y pendenciero sí sería, pero cristiano viejo
y de la mejor ley [4] también lo era—llegó a estar sacramentada y
preparada por si había de hacer el último viaje. La enfermedad
tuvo, como todas, sus alternativas, y a los días en que parecía
30 como revivir sucedían las noches en que todos estábamos en que
se nos quedaba; [5] el humor de mis padres era como sombrío, y
de aquel triste tiempo sólo guardo de paz los meses que pasaron sin que sonaran golpes entre aquellas paredes, ¡tan apurado
andaba el par de viejos! ... Las vecinas echaban todas su cuarto
35 a espadas por recetarla yerbas, pero como la que mayor fe nos

---

[4] **cristiano ... ley** *a Christian whose ancestors have all been of that
faith and not converted from another religion*
[5] **todos ... nos quedaba** *we were all sure she was dying*

daba era la señora Engracia, a ella hubimos de recurrir y a sus
consejos, por ver de sanarla; complicada fué, bien lo sabe Dios,
la curación que la mandó, pero como se le hizo poniendo todos
los cinco sentidos bien debió de probarla, porque aunque despacio, se la veía que le volvía la salud. Como ya dice el refrán, 5
yerba mala nunca muere, y sin que yo quiera decir con esto que
Rosario fuera mala (si bien tampoco pondría una mano en el
fuego por sostener que fuera buena), lo cierto es que después de
tomados los cocimientos que la señora Engracia dijera, sólo
hubo que esperar a que pasase el tiempo para que recobrase la 10
salud, y con ella su prestancia y lozanía.

No bien se puso buena, y cuando la alegría volvía otra vez
a mis padres, que en lo único que estaban acordes era en su preocupación por la hija, volvió a hacer el pirata la muy zorra, a
llenarse la talega con los ahorros del padre y sin más reverencias, 15
y como a la francesa,[6] volvió a levantar el vuelo y a marcharse,
esta vez camino de Almendralejo, donde paró en casa de Nieves
la Madrileña; cierto es, o por tal lo tengo, que aun al más ruin
alguna fibra de bueno siempre le queda, porque Rosario no nos
echó del todo en el olvido y alguna vez—por nuestro santo[7] o 20
por las Navidades—nos tiraba con algún chaleco, que aunque
nos venía tan justo y recibido como faja por vientre satisfecho,[8]
su mérito tenía porque ella, aunque con más relumbrón por
aquello de que había que vestir el oficio, tampoco debía de nadar en la abundancia. En Almendralejo hubo de conocer al hom- 25
bre que había de labrarle la ruina; no la de la honra, que bien
arruinada debía de andar ya por entonces, sino la del bolsillo,
que una vez perdida aquélla, era por la única que tenía que
mirar. Llamábase el tal sujeto Paco López, por mal nombre *El
Estirao,* y de él me es forzoso reconocer que era guapo mozo, aun- 30
que no con un mirar muy decidido, porque por tener un ojo de
vidrio en el sitio donde Dios sabrá en qué hazaña perdiera el de
carne, su mirada tenía una desorientación que perdía al más

---

6 **a la francesa**   taking French leave
7 **santo** = día de santo (*the day honoring the saint for which one is
named*)
8 **aunque nos venía ... satisfecho**   although we needed it as much as
a hole in the head (*lit., although it suited us as well and was as welcome as a
belt to a full belly*)

plantado; era alto, medio rubiales, juncal, y andaba tan dere-
chito que no se equivocó por cierto quien le llamó por vez primera *El Estirao;* no tenía mejor oficio que su cara porque, como
las mujeres tan memas son que lo mantenían, el hombre prefería
5 no trabajar, cosa que si me parece mal, no sé si será porque yo
nunca tuve ocasión de hacer. Según cuentan, en tiempos andu-
viera de novillero por las plazas [9] andaluzas; yo no sé si creerlo
porque no me parecía hombre valiente más que con las mujeres,
pero como éstas, y mi hermana entre ellas, se lo creían a pies
10 juntillas, él se daba la gran vida, porque ya sabe usted lo mucho
que dan en valorar las mujeres a los toreros. En una ocasión,
andando yo a la perdiz bordeando la finca *Los Jarales*—de don
Jesús—me tropecé con él, que por tomar el aire se había salido
de Almendralejo medio millar de pasos por el monte; iba muy
15 vestidito con su terno café, con su visera y con un mimbre en
la mano. Nos saludamos y el muy ladino, como viera que no le
preguntaba por mi hermana, quería tirarme de la lengua por
ver de colocarme las frasecitas; [10] yo resistía y él debió de notar
que me achicaba porque sin más ni más y como quien no quiere
20 la cosa, cuando ya teníamos mano sobre mano para marcharnos,
me soltó:

—¿Y la Rosario? [11]

—Tú sabrás ...

—¿Yo?

25 —¡Hombre! ¡Si no lo sabes tú! ...

—¿Y por qué he de saberlo?

Lo decía tan serio que cualquiera diría que no había men-
tido en su vida; me molestaba hablar con él de la Rosario, ya ve
usted lo que son las cosas.

30 El hombre daba golpecitos con la vara sobre las matas de
tomillo.

—Pues sí, ¡para que lo sepas!, ¡está bien! ¿No lo querías
saber?

—¡Mira, *Estirao!* ... ¡Mira, *Estirao!* ... ¡Que soy muy hombre

---

9 plazas = plazas de toros bull rings
10 por ver ... frasecitas to see if he could needle me
11 la Rosario *The definite article is sometimes used with first names in
familiar language.*

y que no me ando por las palabras! [12] ¡No me tientes! ... ¡No me tientes! ...

—¿Pero qué te he de tentar, si no tienes dónde? [13] ¿Pero qué quieres saber de la Rosario? ¿Qué tiene que ver contigo la Rosario? ¿Que es tu hermana? Bueno ¿y qué? También es mi novia, 5 si vamos a eso.

A mí me ganaba por palabra,[14] pero si hubiéramos acabado por llegar a las manos le juro a usted por mis muertos que lo mataba [15] antes de que me tocase un pelo. Yo me quise enfriar porque me conocía el carácter y porque de hombre a hombre no 10 está bien reñir con una escopeta en la mano cuando el otro no la tiene.

—Mira, *Estirao,* ¡más vale que nos callemos! ¿Que es tu novia? Bueno, ¡pues que lo sea! ¿Y a mí qué?

El Estirao se reía; parecía como si quisiera pelea. 15

—¿Sabes lo que te digo?

—¡Qué!

—Que si tú fueses el novio de mi hermana, te hubiera matado.

Bien sabe Dios que el callarme aquel día me costó la salud; 20 pero no quería darle, no sé por qué habrá sido. Me resultaba extraño que me hablaran así; en el pueblo nadie se hubiera atrevido a decirme la mitad.

—Y que si te tropiezo otro día rondándome, te mato en la plaza por la feria. 25

—¡Mucha chulería es ésa!

—¡A pinchazos! [16]

—¡Mira, *Estirao!* ... ¡Mira, *Estirao!* ...

· ·

Aquel día se me clavó una espina en un costado que toda- 30 vía tengo clavada.

[12] **no me ando ... palabras**   I'm a man of few words
[13] **¿Pero qué ... dónde?**   How can I get your dander up if you don't have any?
[14] **A mí me ganaba por palabra**   He was getting the best of me with his talk
[15] **lo mataba = lo habría matado**
[16] **¡A pinchazos!**   I'll rip you up!

Por qué no la arranqué en aquel momento es una cosa que aún hoy no sé ... Andando el tiempo, de otra temporada que, por reparar otras fiebres, vino a pasar mi hermana con nosotros, me contó el fin de aquellas palabras: cuando El Estirao llegó aquella
5 noche a la casa de la Nieves a ver a la Rosario, la llamó aparte.

—¿Sabes que tienes un hermano que ni es hombre ni es nada?

... ...

—¿Y que se achanta como los conejos en cuanto oyen voces?
10 Mi hermana salió por defenderme, pero de poco le valió; el hombre había ganado. Me había ganado a mí que fué la única pelea que perdí por no irme a mi terreno.[17]

—Mira, paloma; vamos a hablar de otra cosa. ¿Qué hay?

—Ocho pesetas.
15 —¿Nada más?

—Nada más. ¿Qué quieres? ¡Los tiempos están malos! ...

El Estirao le cruzó la cara con la varita de mimbre hasta que se hartó.

Después ...
20 —¿Sabes que tienes un hermano que ni es hombre ni es nada?

... ...

Mi hermana me pidió por su salud que me quedase en el pueblo.
25 La espina del costado estaba como removida. Por qué no la arranqué en aquel momento es una cosa que aún hoy no sé ...

---

17 por no ... terreno because of not keeping to my own ground (i.e., because he argued instead of fighting)

[IV]

Usted sabrá disculpar el poco orden que llevo en el relato, que por eso de seguir por la persona y no por el tiempo me hace andar saltando del principio al fin y del fin a los principios como langosta vareada,[1] pero resulta que de manera alguna, que ésta no sea, podría llevarlo, ya que lo suelto como me sale[2] y a las mientes me viene, sin pararme a construirlo como una novela, ya que, a más de que probablemente no me saldría, siempre estaría a pique del peligro que me daría el empezar a hablar y hablar para quedarme de pronto tan ahogado y tan parado que no supiera por dónde salir.

Los años pasaban sobre nosotros como sobre todo el mundo, la vida en mi casa discurría por las mismas sendas de siempre, y si no he de querer inventar, pocas noticias que usted no se figure puedo darle de entonces.

A los quince años de haber nacido la niña, y cuando por lo muy chupada que mi madre andaba y por el tiempo pasado cualquier cosa podía pensarse menos que nos había de dar un nuevo hermano, quedó la vieja con el vientre lleno, vaya usted a saber de quién, porque sospecho que, ya por la época, liada había de andar con el señor Rafael, de forma que no hubo más que esperar los días de ley[3] para acabar recibiendo a uno más en la familia. El nacer del pobre Mario—que así hubimos de llamar al nuevo hermano—más tuvo de accidentado y de molesto que de otra cosa, porque, para colmo y por si fuera poca la escandalera de mi madre al parir,[4] fué todo a coincidir con la muerte de mi padre, que si no hubiera sido tan trágica, a buen

---

[1] **langosta vareada**   a locust knocked out of a tree
[2] **de manera ... sale**   in no other way but this could I do it, considering the disorganized way it flows from my pen
[3] **los días de ley**   the usual length of time
[4] **por si fuera ... parir**   as if the commotion of my mother's delivery weren't enough

seguro movería a risa así pensada en frío. Dos días hacía que a mi padre lo teníamos encerrado en la alacena cuando Mario vino al mundo; le había mordido un perro rabioso, y aunque al principio parecía que libraba de rabiar, más tarde hubieron de aco-
5 meterle unos trembleques que nos pusieron a todos sobre aviso. La señora Engracia nos enteró de que la mirada iba a hacer abortar a mi madre y, como el pobre no tenía arreglo, nos industriamos para encerrarlo con la ayuda de algunos vecinos y de tantas precauciones como pudimos, porque tiraba unos mordiscos que
10 a más de uno hubiera arrancado un brazo de habérselo cogido; [5] todavía me acuerdo con pena y con temor de aquellas horas ... ¡Dios, y qué fuerzas hubimos de hacer todos para reducirlo! Pateaba como un león, juraba que nos había de matar a todos, y tal fuego había en su mirar, que por seguro lo tengo que lo hu-
15 biera hecho si Dios lo hubiera permitido. Dos días hacía, digo, que encerrado lo teníamos, y tales voces daba y tales patadas arreaba sobre la puerta, que hubimos de apuntalar con unos maderos, que no me extraña que Mario, animado también por los gritos de la madre, viniera al mundo asustado y como lelo; mi
20 padre acabó por callarse a la noche siguiente—que era la del día de Reyes [6]—, y cuando fuimos a sacarlo pensando que había muerto, allí nos lo encontramos, arrimado contra el suelo y con un miedo en la cara que mismo parecía haber entrado en los infiernos. A mí me asustó un tanto que mi madre en vez de llorar,
25 como esperaba, se riese, y no tuve más remedio que ahogar las dos lágrimas que quisieron asomarme cuando vi el cadáver, que tenía los ojos abiertos y llenos de sangre y la boca entreabierta con la lengua morada medio fuera. Cuando tocó a enterrarlo, don Manuel, el cura, me echó un sermoncete en cuanto me vió.
30 Yo no me acuerdo mucho de lo que me dijo; me habló de la otra vida, del cielo y del infierno, de la Virgen María, de la memoria de mi padre, y cuando a mí se me ocurrió decir que en lo tocante al recuerdo de mi padre lo mejor sería ni recordarlo, don Manuel, pasándome una mano por la cabeza me dijo que la Muerte

---

5 **de habérselo cogido** = **si se lo hubiera cogido** (*Take careful note of this use of* **de** *plus the infinitive, roughly equivalent to* **si** *plus the past subjunctive. The construction is often used and will not be footnoted again.*)

6 **el día de Reyes** Epiphany (*religious holiday celebrated on January 6 to commemorate the adoration of the Magi*)

llevaba a los hombres de un reino para otro y que era muy celosa de que odiásemos [7] lo que ella se había llevado para que
Dios lo juzgase. Bueno, no me lo dijo así; me lo dijo con unas
palabras muy justas y cabales, pero lo que me quiso decir no andaría, sobre poco más o menos,[8] muy alejado de lo que dejo 5
escrito. Desde aquel día siempre que veía a don Manuel lo salu-
daba y le besaba la mano, pero cuando me casé hubo de decirme
mi mujer que parecía marica haciendo tales cosas, y, claro es,
ya no pude saludarlo más; después me enteré que don Manuel
había dicho de mí que era talmente como una rosa en un ester- 10
colero y bien sabe Dios qué ganas me entraron de ahogarlo en
aquel momento; después se me fué pasando y, como soy de natural violento, pero pronto, acabé por olvidarlo, porque además, y pensándolo bien, nunca estuve muy seguro de haber en-
tendido a derechas; a lo mejor don Manuel no había dicho 15
nada—a la gente no hay que creerla todo lo que cuenta—y aunque lo hubiera dicho ... ¡Quién sabe lo que hubiera querido
decir! ¡Quién sabe si no había querido decir lo que yo entendí!

Si Mario hubiera tenido sentido cuando dejó este valle de
lágrimas, a buen seguro que no se hubiera marchado muy sa- 20
tisfecho de él. Poco vivió entre nosotros; parecía como que hubiera olido el parentesco que le esperaba y hubiera preferido
sacrificarlo a la compañía de los inocentes en el limbo. ¡Bien
sabe Dios que acertó con el camino, y cuántos fueron los sufri-
mientos que se ahorró al ahorrarse años! Cuando nos abandonó 25
no había cumplido todavía los diez años, que si pocos fueron para
lo demasiado que había de sufrir, suficientes debieran de haber
sido para llegar a hablar y a andar, cosas ambas que no llegó a
conocer; el pobre no pasó de arrastrarse por el suelo como si
fuese una culebra y de hacer unos ruiditos con la garganta y con 30
la nariz como si fuese una rata: fué lo único que aprendió. En
los primeros años de su vida ya a todos nosotros nos fué dado el
conocer que el infeliz, que tonto había nacido, tonto había de
morir; tardó año y medio en echar el primer hueso de la boca [9]
y cuando lo hizo, tan fuera de su sitio le fué a nacer, que la se- 35

---

[7] **celosa de que odiásemos** resentful of our hating
[8] **sobre poco más o menos** more than a little bit
[9] **echar ... boca** to cut his first tooth

ñora Engracia, que tantas veces fuera nuestra providencia, hubo
de tirárselo con un cordel para ver de que no se clavara en la
lengua. Hacia los mismos días, y vaya usted a saber si [10] como
resultas de la mucha sangre que tragó por lo del diente, le salió
5 un sarampión o sarpullido por el trasero (con perdón) que llegó
a ponerle las nalguitas como desolladas y en la carne viva por habérsele mezclado la orina con la pus de las bubas; cuando hubo
que curarle lo dolido con vinagre y con sal, la criatura tales
lloros se dejaba arrancar que hasta al más duro de corazón hu-
10 biera enternecido. Pasó algún tiempo que otro de cierto sosiego, jugando con una botella, que era lo que más le llamaba
la atención, o echadito al sol, para que reviviese, en el corral o en
la puerta de la calle, y así fué tirando el inocente, unas veces
mejor y otras peor, pero ya más tranquilo, hasta que un día—
15 teniendo la criatura cuatro años—la suerte se volvió tan de su
contra que, sin haberlo buscado ni deseado, sin a nadie haber
molestado y sin haber tentado a Dios, un guarro (con perdón)
le comió las dos orejas. Don Raimundo, el boticario, le puso
unos polvos amarillos, de seroformo, y tanta dolor daba el verlo
20 amarillado y sin orejas que todas las vecinas, por llevarle consuelo, le llevaban, las más,[11] un tejeringo los domingos, otras,
unas almendras, algunas, aceitunas en aceite o un poco de chorizo ... ¡Pobre Mario, y cómo agradecía con sus ojos negrillos los
consuelos! Si mal había estado hasta entonces, mucho más mal
25 le aguardaba después de lo del guarro (con perdón); pasábase
los días y las noches llorando y aullando como un abandonado, y
como la poca paciencia de la madre la agotó cuando más falta
le hacía, se pasaba los meses tirado por los suelos, comiendo lo
que le echaban, y tan sucio que aun a mí que, ¿para qué mentir?,
30 nunca me lavé demasiado, llegaba a darme repugnancia.
Cuando un guarro (con perdón) se le ponía a la vista, cosa que
en la provincia pasaba tantas veces al día como no se quisiese,[12]
le entraban al hermano unos corajes que se ponía como loco:
gritaba con más fuerzas aún que la costumbre, se atosigaba por
35 esconderse detrás de algo y en la cara y en los ojos un temor

10 **vaya usted a saber si**   who knows if
11 **las más**   most of them
12 **como no se quisiese**   as one could wish

se le acusaba, que dudo que no [13] lograse parar al mismo Lucifer que a la Tierra subiese.

Me acuerdo que un día—era un domingo—en una de esas temblequeras tanto espanto llevaba, y tanta rabia dentro, que en su huída le dió por atacar—Dios sabría por qué—al señor Rafael que en casa estaba porque, desde la muerte de mi padre, por ella entraba y salía como por terreno conquistado; no se le ocurriera peor cosa al pobre que morderle en una pierna al viejo, y nunca lo hubiera hecho,[14] porque éste con la otra pierna le arreó tal patada en una de las cicatrices que lo dejó como muerto y sin sentido, manándole una agüilla que me dió por pensar que agotara la sangre. El vejete se reía como si hubiera hecho una hazaña, y tal odio le tomé desde aquel día que, por mi gloria le juro, que de no habérselo llevado Dios de mis alcances, me lo hubiera endiñado en cuanto hubiera tenido ocasión para ello.

La criatura se quedó tirada todo lo larga que era,[15] y mi madre—le aseguro que me asusté en aquel momento que la vi tan ruin—no lo cogía y se reía haciéndole el coro al señor Rafael; a mí, bien lo sabe Dios, no me faltaron voluntades para levantarlo, pero preferí no hacerlo ... ¡Si el señor Rafael, en el momento, me hubiera llamado blando, por Dios que lo machaco delante de mi madre!

Me marché hasta las casas [16] por tratar de olvidar; en el camino me encontré a mi hermana—que por entonces andaba por el pueblo—, le conté lo que pasó y tal odio hube de ver en sus ojos que me dió por cavilar en que había de ser mal enemigo; me acordé, no sé por qué sería, de *El Estirao*, y me reía de pensar que alguna vez mi hermana pudiera ponerle aquellos ojos ...[17]

Cuando volvimos hasta la casa, pasadas dos horas largas del suceso, el señor Rafael se despedía; Mario seguía tirado en el mismo sitio donde lo dejé, gimiendo por lo bajo, con la boca en la tierra y con la cicatriz más morada y miserable que cómico

[13] dudo que no = no dudo que
[14] nunca lo hubiera hecho = nunca lo debería haber hecho
[15] todo lo larga que era full length
[16] las casas = el pueblo
[17] pudiera ponerle aquellos ojos might look at him that way

en cuaresma; [18] mi hermana, que creí que iba a armar el zafarrancho, lo levantó del suelo por ponerlo recostado en la artesa ... Aquel día me pareció más hermosa que nunca, con su traje de azul como el del cielo, y sus aires de madre montaraz
5 ella, que ni lo fuera, ni lo había de ser ...

Cuando el señor Rafael acabó por marcharse, mi madre recogió a Mario, lo acunó en el regazo y le estuvo lamiendo la herida toda la noche, como perra parida a los cachorros; el chiquillo se dejaba querer y sonreía ... Se quedó dormidito y en sus
10 labios quedaba aún la señal de que había sonreído. Fué aquella noche, seguramente, la única vez en su vida que le vi sonreír ...

18 **cómico en cuaresma** an actor during Lent (*It was forbidden to produce plays in Spain during Holy Week.*)

[V]

PASÓ después algún tiempo sin que se desgraciara de nuevo, pero, como al que el destino persigue no se libra aunque se esconda debajo de las piedras, día llegó en que, no encontrándolo por lado alguno, fué a aparecer, ahogado, en una tinaja de aceite. Lo encontró mi hermana Rosario ... Estaba en la misma 5 postura que una lechuza ladrona a quien hubiera cogido un viento; volcado sobre el borde de la tinaja, con la nariz apoyada sobre el barro del fondo ... Cuando lo levantamos, un hilillo de aceite le caía de la boca como una hebra de oro que estuviera devanando con el vientre; el pelo, que en vida lo tuviera siem- 10 pre de la apagada color de la ceniza, le brillaba con unos brillos tan lozanos que daba por pensar que hubiera resucitado al él morir. Tal es todo lo extraño que la muerte de Mario me recuerda ...

Mi madre tampoco lloró a la muerte de su hijo; secas debie- 15 ra tener las entrañas una mujer con corazón tan duro que unas lágrimas no le quedaran siquiera para señalar la desgracia de la criatura ... De mí puedo decir, y no me avergüenzo de ello, que sí lloré, así como mi hermana Rosario, y que tal odio llegué a cobrar a mi madre, y tan de prisa había de crecerme, que llegué 20 a tener miedo de mí mismo. ¡La mujer que no llora es como la fuente que no mana, que para nada sirve, o como el ave del cielo que no canta, a quien, si Dios quisiera, le caerían las alas, porque a las alimañas falta alguna les hacen! [1]

Mucho me dió que pensar, en muchas veces, y aún ahora 25 mismo si he de decir la verdad, el motivo de que a mi madre llegase a perderle el respeto, primero, y el cariño y las formas al andar de los años; mucho me dió que pensar, porque quería hacer un claro en la memoria que me dejase ver hacia qué tiempo dejó de ser una madre en mi corazón y hacia qué tiempo 30 llegó después a convertírseme en un enemigo. En un enemigo

[1] **falta alguna les hacen = no les hacen ninguna falta**

rabioso, que no hay peor odio que el de la misma sangre; en un enemigo que me gastó toda la bilis,[2] porque a nada se odia con más intensos bríos que a aquello a que uno se parece y uno llega a aborrecer el parecido. Después de mucho pensar, y de
5 nada[3] esclarecer del todo, sólo me es dado el afirmar que el respeto habíasele[4] ya perdido tiempo atrás, cuando en ella no encontrara virtud alguna que imitar, ni don de Dios que copiar, y que de mi corazón hubo de marcharse cuando tanto mal vi en ella que junto no cupiera dentro de mi pecho. Odiarla, lo que
10 se dice llegar a odiarla,[5] tardé aún algún tiempo—que ni el amor ni el odio fueran cosa de un día—y si apuntara hacia los días de la muerte de Mario pudiera ser que no errara en muchas fechas sobre su aparición.

A la criatura hubimos de secarle las carnes con unas hilas
15 de lino, por evitar que fuera demasiado grasiento al Juicio, y de prepararlo bien vestido con unos percales que por la casa había, con unas alpargatas que me acerqué hasta el pueblo para buscar, con su corbatita de la color de la malva hecha una lazada sobre la garganta como una mariposa que en su inocencia
20 le diera por posarse sobre un muerto. El señor Rafael, que hubo de sentirse caritativo con el muerto, a quien de vivo tratara tan sin piedad, nos ayudó a preparar el ataúd; el hombre iba y venía de un lado para otro diligente y ufano como una novia, ora con unos clavos, ora con alguna tabla, tal vez con el bote del alba-
25 yalde, y en su diligencia y ufanía hube de concentrar todo mi discurrir, porque, sin saber ni entonces ni ahora por qué ni por qué no, me daba la corazonada de que por dentro se estaba bañando en agua de rosas. Cuando decía, con un gesto como distraído:

30   —¡Dios lo ha querido! ¡Angelitos al cielo! ... —me dejaba tan pensativo que ahora me cuesta un trabajo desusado el reconstruir lo que por mí pasó. Después repetía como un estribillo, mientras clavaba las tablas o mientras daba la pintura:

—¡Angelitos al cielo! ¡Angelitos al cielo! ... —y sus pala-

---

2 **que me gastó ... bilis**   who enraged me
3 **y de nada** = y después de nada
4 **habíasele** = se le había
5 **lo que se dice ... odiarla**   to come to really hate her

bras me golpeaban el corazón como si tuviera un reló dentro ...
Un reló que acabase por romperme los pechos ... Un reló que
obedecía a sus palabras, soltadas poco a poco y como con cuidado, y a sus ojillos húmedos y azules como los de las víboras,
que me miraban con todo el intento de simpatizar, cuando el 5
odio más ahogado era lo único que por mi sangre corría para
él ... Me acuerdo con disgusto de aquellas horas:
    —¡Angelitos al cielo! ¡Angelitos al cielo! ...
    ¡El hijo de su madre,[5a] y cómo fingía el muy zorro! Hable-
mos de otra cosa.   10
    Yo no supe nunca, la verdad,[6] porque tampoco nunca me
diera por pensar en ello en serio, en cómo serían los ángeles;
tiempo hubo en que me los imaginaba rubios y vestidos con unas
largas faldas azules o rosa;[7] tiempo hubo también en que los
creía de la color de las nubes y tan delgados como ni siquiera 15
fueran los tallos de los trigos. Sin embargo, lo que sí puedo afirmar es que siempre me los figuré muy distintos de mi hermano
Mario, motivo que a buen seguro fué lo que ocasionó que pensara que detrás de las palabras del señor Rafael había gato escondido[8] y una intención tan maligna y tan de segundo rebote[9] 20
como de su mucha ruindad podía esperarse.
    Su entierro, como años atrás el de mi padre, fué pobre y
aburrido, y detrás de la caja no se hubieron de juntar, sin exa-
geración, más arriba de cinco o seis personas: don Manuel, Santiago el monaguillo, Lola, tres o cuatro viejas y yo. Delante iba 25
Santiago, con la cruz, silbandillo y dando patadas a los guijarros; detrás la caja; detrás don Manuel con su vestidura blanca
sobre la sotana, que parecía como un peinador, y detrás las viejas con sus lloros y sus lamentos, que mismo parecía a quien las
viese que todas juntas eran las madres de lo que iba encerrado 30
camino de la tierra.
    Lola era ya por entonces medio novia mía, y digo medio
novia nada más porque, en realidad, aunque nos mirábamos
con alguna inclinación, yo nunca me había atrevido a decirle
[5a] **El hijo de su madre** *in this context,* the s.o.b.
[6] **la verdad**   to tell the truth
[7] **rosa** = de color de rosa
[8] **había gato escondido**   there was more than met the eye
[9] **de segundo rebote**   furtive; underhanded

ni una palabra de amores; me daba cierto miedo que me despreciase, y si bien ella se me ponía a tiro [10] las más de las veces porque yo me decidiese, siempre podía más en mí la timidez que me hacía dar largas al asunto, que iba prolongándose ya más de lo debido. Yo debía de andar por veintiocho o treinta años, y ella, que era algo más joven que mi hermana Rosario, por los veintiuno o veintidós; era alta, morena de color, negra de pelo, y tenía unos ojos tan profundos y tan negros que herían al mirar; tenía las carnes prietas y como endurecidas de saludable como estaba,[11] y por el mucho desarrollo que mostraba cualquiera daría en pensar que se encontraba delante de una madre. Sin embargo, y antes de pasar adelante y arriesgarme a echarlo en el olvido, quiero decirle a usted, para atenerme en todo a la verdad, que por aquellas fechas tan entera estaba como al nacer y tan desconocedora de varón como una novicia; es esto una cosa sobre la que quiero hacer hincapié para evitar que puedan formarse torcidas ideas sobre ella; lo que hiciera más tarde—sólo Dios lo sabe hasta el final—allá ella con su conciencia,[12] pero de lo que hiciera por aquel tiempo tan seguro estoy que alejada de toda idea de lujuria andaba que no dudaría ni un solo instante en dar mi alma al diablo si me demostrase lo contrario. Andaba con mucho poder y seguridad y con tanto desparpajo y arrogancia que cualquiera cosa pudiera parecer menos una pobre campesina, y su mata de pelo, cogida en una gruesa trenza, bajo la cabeza, tal sensación daba de poderío que, al pasar de los meses y cuando llegué a mandar en ella como marido, gustaba de azotarme con ella por las mejillas, tal era su suavidad y su aroma: como a [13] sol, y a tomillo, y a las frías gotitas de sudor que por el bozo le aparecían al sofocarse ...

El entierro, volviendo a lo que íbamos, salió con facilidad; como la fosa ya estaba hecha, no hubo sino que meter a mi hermano dentro de ella y acabar de taparlo con tierra. Don Manuel rezó unos latines [14] y las mujeres se arrodillaron; a Lola, al arro-

[10] **se me ponía a tiro**   put herself within my reach
[11] **de saludable como estaba**   so healthy was she
[12] **allá ella con su conciencia**   that's between her and her conscience
[13] **como a**   as of
[14] **rezó unos latines**   prayed a little in Latin

dillarse, se le veían las piernas, blancas y apretadas como morci-
llas, sobre la media negra ... Me avergüenzo de lo que iba a decir, pero que Dios lo aplique a la salvación de mi alma por el
mucho trabajo que me cuesta: en aquel momento me alegré de
la muerte de mi hermano ... Las piernas de Lola brillaban como 5
la plata, la sangre me golpeaba por la frente y el corazón parecía como querer salírseme del pecho ...

... ...

No vi marcharse ni a don Manuel ni a las mujeres. Estaba
como atontado, cuando empecé a volver a percatarme de la vida, 10
sentado en la tierra recién removida sobre el cadáver de Mario;
por qué me quedé allí y el tiempo que pasó, son dos cosas que
no averigüé jamás. Me acuerdo que la sangre seguía golpeán-
dome las sienes, que el corazón seguía queriéndose echar a volar ... El sol estaba cayendo; sus últimos rayos se iban a clavar 15
sobre el triste ciprés, mi única compañía ... Hacía calor; unos
tiemblos me recorrieron todo el cuerpo; no podía moverme, estaba clavado como por el mirar de un lobo ...

De pie, a mi lado, estaba Lola; sus pechos subían y bajaban
al respirar ... 20
—¿Y tú?
—¡Ya ves!
—¿Qué haces aquí?
—¡Pues ... nada! Por aquí ...
Me levanté y la sujeté por un brazo. 25
—¿Qué haces aquí?
—¡Pues nada! ¿No lo ves? ¡Nada! ...
Lola me miraba con un mirar que espantaba. Su voz era
como una voz del más allá, grave y subterránea como la de un
aparecido ... 30
—¡Eres como tu hermano!
—¿Yo?
—¡Tú! ¡Sí!

... ...

Fué una lucha feroz. Derribada en tierra, sujeta, estaba 35
más hermosa que nunca ... Sus pechos subían y bajaban al res-

pirar cada vez más de prisa ... Yo la agarré del pelo y la tenía
bien sujeta a la tierra ... Ella forcejeaba, se escurría ...

La mordí hasta la sangre, hasta que estuvo rendida y dócil
como una yegua joven ...

5 ... ...

—¿Es esto lo que quieres?

—¡Sí!

Lola me sonreía con su dentadura toda igual ...[15] Después
me alisaba el cabello.

10 —¡No eres como tu hermano! ... ¡Eres un hombre! ...

En sus labios quedaban las palabras un poco retumban-
tes ...

—¡Eres un hombre! ... ¡Eres un hombre! ...

La tierra estaba blanda, bien me acuerdo ... Y en la tierra,
15 media docena de amapolas para mi hermano muerto: seis gotas
de sangre ...

—¡No eres como tu hermano! ¡Eres un hombre! ...

—¿Me quieres?

—¡Sí!

---

15 su dentadura toda igual   her even teeth

[VI]

Quince días ha querido la Providencia que pasaran desde que dejé escrito lo que atrás queda, y en ellos, entretenido como estuve con interrogatorios y visitas del defensor por un lado, y con el traslado hasta este nuevo sitio, por otro, no tuve ni un instante libre para coger la pluma. Ahora, después de releer este 5 fajo, todavía no muy grande, de cuartillas, se mezclan en mi cabeza las ideas más diferentes con tal precipitación y tal mareo que, por más que pienso, no consigo acertar a qué carta quedarme.[1] Mucha desgracia, como usted habrá podido ver, es la que llevo contada,[2] y pienso que las fuerzas han de decaerme 10 cuando me enfrente con lo que aún me queda, que más desgraciado es todavía; me espanta pensar con qué puntualidad me es fiel la memoria, en estos momentos en que todos los hechos de mi vida—sobre los que no hay maldita la forma de volverme atrás [3]—van quedando escritos en estos papeles con la misma 15 claridad que en un encerado; es gracioso—y triste también, ¡bien lo sabe Dios!—pararse a considerar que si el esfuerzo de memoria que por estos días estoy haciendo se me hubiera ocurrido años atrás, a estas horas, en lugar de estar escribiendo en una celda, estaría tomando el sol en el corral, o pescando angui- 20 las en el regato, o persiguiendo conejos por el monte ... Estaría haciendo otra cosa cualquiera de esas que hacen—sin fijarse—la mayor parte de los hombres; estaría libre, como libres están—sin fijarse tampoco—la mayor parte de los hombres; tendría por delante Dios sabe cuántos años de vida, como tienen—sin darse 25 cuenta de que pueden gastarlos lentamente—la mayor parte de los hombres ...

---

[1] **no consigo ... quedarme**   I can't seem to make up my mind where to start

[2] **llevo contada = he contado**

[3] **sobre los que ... atrás**   which I cannot possibly undo

43

El sitio donde me trajeron es mejor; por la ventana se ve
un jardincillo, cuidadoso y lamido como una salita, y más allá
del jardincillo, hasta la serranía, se extiende la llanada, castaña
como la piel de los hombres, por donde pasan—a veces—las rea-
5 tas de mulas que van a Portugal, los asnillos troteros que van
hasta las chozas, las mujeres y los niños que van sólo hasta el
pozo ...

   Yo respiro mi aire, que entra y sale de la celda porque con
él no va nada, ese mismo aire que a lo mejor respira mañana
10 o cualquier día el mulero que pasa ... Yo veo la mariposa toda
de colores que revolea torpe sobre los girasoles, que entra por
la celda, da dos vueltas y sale, porque con ella no va nada, y que
acabará posándose tal vez sobre la almohada del Director ... Yo
cojo con la gorra el ratón que comía lo que yo ya dejara, lo miro,
15 lo dejo—porque con él no va nada—y veo cómo escapa con su
pasito suave a guarecerse en su agujero, ese agujero desde el que
sale para comer el rancho del forastero, del que está tan sólo
una temporada en la celda de la que ha de salir para el infierno
las más de las veces ...

20   Tal vez no me creyera si le dijera que en estos momentos tal
tristeza me puebla y tal congoja, que por asegurarle estoy que mi
arrepentimiento no menor debe ser que el de un santo; tal vez
no me creyera, porque demasiado malos han de ser los informes
que de mí conozca y el juicio que de mí se haya formado a estas
25 alturas, pero sin embargo ... Yo se lo digo, quizás nada más que
por eso de decírselo, quizás nada más que por eso de no qui-
tarme la idea de las mientes de que usted sabrá comprender lo
que le digo y creer lo que por mi gloria [4] no le juro porque poco
ha de valer jurar ya sobre ella ... El amargor que me sube a la
30 garganta es talmente como si el corazón me fabricara acíbar en
vez de sangre; me sube y me baja por el pecho, dejándome un
regusto ácido en el paladar; mojándome la lengua con su aroma,
secándome los dentros con su aire pesaroso y maligno como el
aire de un nicho ...

35   He parado algún tiempo de escribir; quizás hayan pasado
veinte minutos, quizás una hora, quizás dos ... Por el sendero—
¡qué bien se veían desde mi ventana!—pasaban unas personas.

___

   4 por mi gloria   on my salvation

Probablemente ni pensaban en que yo les miraba, de naturales como iban. Eran dos hombres, una mujer y un niño; parecían contentos andando por el sendero ... Los hombres tendrían treinta años cada uno; la mujer algo menos; el niño no pasaría de los seis. Iba descalzo, triscando como las cabras alrededor de 5 las matas, vestido con una camisolina que le dejaba el vientre al aire ... Trotaba unos pasitos adelante, se paraba, tiraba alguna piedra al pájaro que pasaba ... No se parecía en nada, y sin embargo, ¡cómo me recordaba a mi hermano Mario!

La mujer debía de ser la madre; tenía la color morena, 10 como todas, y una alegría en todo el cuerpo que mismo uno se sentía feliz al mirar para ella ... Bien distinta era de mi madre y sin embargo, ¿por qué sería que tanto me recordaba a ella? ..

Usted me perdonará, pero no puedo seguir. Muy poco me falta para llorar ... Usted sabe, tan bien como yo, que un hombre 15 que se precie [5] no debe dejarse acometer por los lloros como una mujer cualquiera.

Voy a continuar con mi relato; triste es, bien lo sé, pero más tristes todavía me parecen estas filosofías, para las que no está hecho mi corazón: esa máquina que fabrica la sangre que al- 20 guna puñalada ha de verter ...

[5] **un hombre que se precie**   a self-respecting man

[VII]

MIS relaciones con Lola siguieron por los derroteros que a usted no se le ocultarán, y al andar de los tiempos y aún no muy pasados los cinco meses del entierro del hermano muerto me vi sorprendido—ya ve lo que son las cosas—con la noticia que
5 menos debiera haberme sorprendido.

Fué el día de San Carlos, en el mes de noviembre. Yo había ido a casa de Lola, como todos los días desde meses atrás; su madre, como siempre, se levantó y se marchó. A mi novia la encontré un poco pálida y como rara, después me di cuenta; pare-
10 cía como si hubiera llorado, como si la agobiase una pena profunda ... La conversación—que nunca entre los dos había sido demasiado corrida—se espantaba aquel día a nuestra voz, como los grillos a las pisadas, o como las perdices al canto del caminante; cada intento que hacía para hablar tropezaba al salirme
15 en la garganta, que se quedaba tan seca como un muro ...

—Pues no hables si no quieres.

—¡Sí, quiero!

—Pues habla ... ¿Yo te lo impido?

—¡Pascual! ...

20 —¡Qué!

—¿Sabes una cosa?

—No.

—¿Y no te la figuras?

—No.

25 Ahora me da risa de pensar que tardara tanto tiempo en caer ...

—¡Pascual!

—¡Qué!

—¡Estoy preñada! ...

30 Al principio no me enteré.[1] Me quedé como aplastado, tan

1 **no me enteré**   I couldn't believe it

46

ajeno estaba a la novedad; jamás había pensado que aquello
que me decían, que aquello que era tan natural, pudiera suceder. No sé en qué estaría pensando ...

La sangre me calentaba las orejas, que se me pusieron ro-
jas como brasas; los ojos me escocían como si tuvieran jabón ... 5

Quizás llegaran a pasar lo menos diez minutos de un silencio de muerte. El corazón se me notaba por las sienes, con sus
golpes cortados como los de un reló; tardé algún tiempo en no-
tarlo ...

La respiración de Lola parecía como que pasara por una 10
flauta ...

—¿Que estás preñada?

—¡Sí!

Lola se echó a llorar. A mí no se me ocurría nada para consolarla. 15

—No seas tonta. Unos se mueren ..., otros nacen ...

Quizás quiera Dios librarme de alguna pena en los infiernos por lo tierno que aquella tarde me sentí.

—¿Pues qué tiene de particular? También tu madre lo estuvo antes de parirte .... y la mía también ... 20

Hacía unos esfuerzos inauditos por decir algo. Había no-
tado un cambio en Lola; parecía como que la hubieran vuelto
del revés.

—Es lo que pasa siempre, ya se sabe. ¡No tienes por qué
apurarte! 25

Yo miraba para el vientre de Lola; no se le notaba nada.
Estaba hermosa como pocas veces con la color perdida y la madeja de pelo revuelta.

Me acerqué hasta ella y la besé en la mejilla; estaba fría
como una muerta ... Lola se dejaba besar con una sonrisa en la 30
boca que mismo parecía la sonrisa de una mártir de los tiempos antiguos ...

—¿Estás contenta?

—¡Sí! ... ¡Muy contenta!

. . . . 35

—¿Me quieres ... así?

—Sí, Lola ... así.

Era verdad. En aquellos momentos era así como la quería ... joven y con un hijo en el vientre; con un hijo mío, a quien—por entonces—me hacía la ilusión de educar y de hacer de él un hombre de provecho ...

5 —Nos vamos a casar, Lola; hay que arreglar los papeles ... Esto no puede quedar así ...

—No ...

La voz de Lola parecía como un suspiro.

—Y le quiero demostrar a tu madre que sé cumplir como 10 un hombre.

—Ya lo sabe ...

—¡No lo sabe!

Cuando se me ocurrió marcharme era ya noche cerrada.[2]

—Llama a tu madre.

15 —¿A mi madre?

—Sí.

—¿Para qué?

—Para decírselo.

—Ya lo sabe.

20 —Lo sabrá ... ¡Pero quiero decírselo yo!

Lola se puso de pie—¡qué alta era!—y salió. Al pasar el quicio de la cocina me gustó más que nunca ...

La madre entró al poco rato: —¿Qué quieres?

—Ya lo ve usted.

25 —¿Has visto cómo la has dejado?

—Bien la dejé.

—¿Bien?

—Sí. ¡Bien! ¿O es que no tiene edad?

La madre callaba; yo nunca creí verla tan mansa.

30 —Quería hablarle a usted.

—¿De qué?

—De su hija. Me voy a casar con ella ...

—Es lo menos.[3] ¿Estás decidido del todo?

—Sí que lo estoy.

35 —¿Y lo has pensado bien?

—Sí; muy bien.

---

2 **noche cerrada**   pitch-dark
3 **Es lo menos**   That's the least you could do

—¿En tan poco tiempo?

—Tiempo hubo sobrado.

—Pues espera; la voy a llamar.

La vieja salió y tardó mucho tiempo en venir; estarían for-
cejeando. Cuando volvió traía a Lola de la mano.   5

—Mira; que se quiere casar. ¿Te quieres casar tú?

—Sí ...

—Bueno, bueno ... Pascual es un buen muchacho; ya sabía
yo lo que había de hacer ... Andar, ¡daros un beso!

—Ya nos lo hemos dado.   10

—Pues daros otro. Andar, que yo os vea.

Me acerqué a la muchacha y la besé; la besé intensamente,
con todas mis fuerzas, muy apretada contra mis hombros, sin
importarme para nada la presencia de la madre. Sin embargo ...
aquel primer beso con permiso me supo a poco,[4] a mucho me-   15
nos que aquellos primeros del cementerio que tan lejanos parecían.

—¿Me puedo quedar?

—Sí, quédate.

—No, Pascual, no te quedes todavía, no te quedes.   20

—Sí, hija, sí, que se quede. ¿No va a ser tu marido?

Me quedé y pasé la noche con ella ...

Al día siguiente, muy de mañana, me acerqué hasta la parroquial; entré en la sacristía. Allí estaba don Manuel prepa-
rándose para decir la misa, esa misa que decía para don Jesús,   25
para el ama y para dos o tres viejas más. Al verme llegar se quedó
como sorprendido.

—¿Y tú por aquí?

—Pues ya ve usted, don Manuel, a hablar con usted venía.

—¿Muy largo?   30

—Sí, señor.

—¿Puedes esperar a que diga la misa?

—Sí, señor. Prisa no tengo.

—Pues espérame entonces.

Don Manuel abrió la puerta de la sacristía y me señaló   35
un banco de la iglesia, un banco como el de todas las iglesias, de

---

[4] **me supo a poco**   didn't seem like much to me

madera sin pintar, duro y frío como la piedra, pero en los que tan hermosos ratos se pasan algunas veces ...

—Siéntate allí. Cuando veas que don Jesús se arrodilla, te arrodillas tú; cuando veas que don Jesús se sienta, te sientas tú también ...

—Sí, señor.

La misa duró, como todas, sobre media hora, pero aquella media hora se me pasó en un vuelo ...

Cuando acabó, me volví a la sacristía. Allí estaba don Manuel desvistiéndose.

—Tú dirás.⁵

—Pues ya ve usted ... Me quería casar.

—Me parece muy bien, hijo, me parece muy bien; para eso ha creado Dios a los hombres y a las mujeres, para la perpetuación de la especie humana.

—Sí, señor.

—Bien, bien ... ¿Y con quién? ¿Con la Lola?

—Sí, señor.

—¿Y lo llevas pensando ⁶ mucho tiempo?

—No, señor, ayer ...

—¿Ayer nada más?

—Nada más. Ayer me dijo ella lo que había.

—¿Había algo?

—Sí ...

—¿Embarazada?

—Sí, señor. Embarazada.

—Pues sí, hijo, lo mejor es que os caséis. Dios os lo perdonará todo, y ante la vista de los hombres, incluso, ganáis en consideración. Un hijo habido fuera del matrimonio es un pecado y un baldón. Un hijo nacido de padres cristianamente casados es una bendición ... Yo te arreglaré los papeles. ¿Sois primos?

—No, señor.

—Mejor. Vuelve dentro de quince días por aquí; yo te lo tendré ya todo preparado.

—Sí, señor.

—¿A dónde vas ahora?

⁵ **Tú dirás** Go ahead
⁶ **llevas pensando = has estado pensando**

—Pues ya ve usted ... ¡A trabajar!

—¿Y no te querrías confesar antes?

—Sí ...

Me confesé, y me quedé suave y aplanado como si me hubieran dado un baño de agua caliente ...   5

[VIII]

Aʟ cabo de poco más de un mes, el 12 de diciembre, día de la Virgen de Guadalupe, que aquel año cuadró en miércoles, y después de haber cumplido con todos los requisitos de la ley de la Iglesia, Lola y yo nos casamos.

5   Yo andaba preocupado y como pensativo, como temeroso del paso que iba a dar—¡casarse es una cosa muy seria, qué caramba!—y momentos de flaqueza y desfallecimiento tuve, en los que le aseguro que no me faltó nada para volverme atrás y mandarlo todo a tomar vientos, cosa que si no llegué a hacer fué por 10 pensar que como la campanada iba a ser muy gorda y, en realidad, no me había de quitar más miedo, lo mejor sería estarme quieto y dejar que los acontecimientos salieran por donde quisieran; los corderos quizás piensen lo mismo al verse llevados al degolladero ... De mí puedo decir que lo que se avecinaba mo- 15 mento hubo en que pensé que me había de hacer loquear.[1] No sé si sería el olfato que me avisaba de la desgracia que me esperaba ... Lo peor es que ese mismo olfato no me aseguraba mayor dicha si es que quedaba soltero ...

Como en la boda me gasté los ahorrillos que tenía—que 20 una cosa fuera casarse a contrapelo de la voluntad y otra el tratar de quedar como me correspondía—, nos resultó, si no lucida, sí al menos tan rumbosa, en lo que cabe,[2] como la de cualquiera. En la iglesia mandé colocar unas amapolas y unas matas de romero floreado, y el aspecto de ella era agradable y 25 acogedor quizás por eso de no sentir tan frío al pino de los bancos y a las losas del suelo.[3] Ella iba de negro, con un bien ajustado traje de lino del mejor, con un velo todo de encaje que le

---

[1] **De mí ... loquear**   As for me I can say that as it approached there were times when I thought that I was going to lose my mind

[2] **en lo que cabe**   as far as possible

[3] **por eso ... suelo**   because it made the pine benches and tile floor seem less cold

regaló la madrina, con unas varas de azahar en la mano y tan
gallarda y tan poseída de su papel,[4] que mismamente parecía
una reina; yo iba con un vistoso traje azul con raya roja que me
llegué hasta Badajoz para comprar, con una visera de raso negro
y con leontina. ¡Hacíamos una hermosa pareja, se lo aseguro, 5
con nuestra juventud y nuestro empaque! ... ¡Ay, tiempos aquellos en que aun quedaban instantes en que uno parecía como
sospechar la felicidad, y qué lejanos me parecéis ahora! ...

Nos apadrinaron el señorito Sebastián, el de don Raimundo
el boticario, y la señora Aurora, la hermana de don Manuel, el 10
cura que nos echó la bendición y un sermoncete al acabar, que
duró así como tres veces la ceremonia, y que si aguanté no por
otra cosa fuera—¡bien lo sabe Dios!—que por creerlo de obli-
gación; tan aburrido me llegó a tener.[5] Nos habló otra vez de
la perpetuación de la especie, nos habló también del Papa León 15
XIII, nos dijo no sé qué de San Pablo y los esclavos ... ¡A fe que
el hombre se traía bien preparado el discurso!

Cuando acabó la función de iglesia—cosa que nunca creí
que llegara a suceder—nos llegamos todos, y como en comisión,
hasta mi casa, donde, sin grandes comodidades, pero con la 20
mejor voluntad del mundo, habíamos preparado de comer
y de beber hasta hartarse para todos los que fueron y para el
doble que hubieran ido.[6] Para las mujeres había chocolate con
tejeringos, y tortas de almendra, y bizcochada, y pan de higo,
y para los hombres había manzanilla y tapitas de chorizo, de 25
morcón, de aceitunas, de sardinas en lata ... Sé que hubo en el
pueblo quien me criticó por no haber dado de comer;[7] allá
ellos.[8] Lo que sí le puedo asegurar es que no más duros me hubiera costado el darles gusto, lo que, sin embargo, preferí no
hacer, porque me resultaba demasiado atado para las ganas que 30
tenía de irme[9] con mi mujer. La conciencia tranquila la tengo

[4] **tan poseída de su papel**   playing her rôle so well
[5] **tan aburrido ... tener**   so boring did it become to me
[6] **para el doble que hubieran ido**   for double the number if that many
had gone
[7] **por no haber dado de comer**   for not having served a full meal
[8] **allá ellos**   I say the devil with them
[9] **me resultaba ... irme**   I would have been tied down too much, considering my longing to get away

de haber cumplido—y bien—y eso me basta; en cuanto a las murmuraciones ... ¡más vale ni hacerles caso!

Después de haber hecho el honor a los huéspedes, y en cuanto que tuve ocasión para ello, cogí a mi mujer, la senté a
5 la grupa de la yegua, que enjaecé con los arreos del señor Vicente, que para eso me los había prestado, y pasito a pasito,[10] y como temeroso de verla darse contra [11] el suelo, cogí la carretera y me acerqué hasta Mérida, donde hubimos de pasar tres días, quizás los tres días más felices de mi vida ... Por el ca-
10 mino hicimos alto tal vez hasta media docena de veces, por ver de refrescarnos un poco, y ahora me acuerdo con extrañeza y mucho me da que vacilar el pararme a pensar en aquel rapto que nos diera a los dos de liarnos [12] a cosechar margaritas para ponérnoslas uno al otro, en la cabeza. A los recién casados pa-
15 rece como si les volviera de repente todo el candor de la infancia ...

Cuando entrábamos, con un trotillo acompasado y regular, en la ciudad, por el puente romano, tuvimos la negra sombra de que a la yegua le diera por espantarse—quién sabe si a la
20 vista del río—y a una pobre vieja que por allí pasaba tal manotada le dió que la dejó medio descalabrada y en un tris de irse al Guadiana de cabeza. Yo descabalgué rápido por socorrerla, que no fuera de bien nacidos pasar de largo, pero como la vieja me dió la sensación de que lo único que tenía era mucho re-
25 sabio,[13] la di [14] un real—porque no dijese [15]—y dos palmaditas en los hombros y me marché a reunirme con Lola. Ésta sonreía y su sonrisa, créame usted, me hizo mucho daño; no sé si sería un presentimiento ..., algo así como una corazonada de lo que habría de ocurrirle. No está bien reírse de la desgracia del pró-
30 jimo, se lo dice un hombre que fué muy desgraciado a lo largo de su vida; Dios castiga sin palo y sin piedra, y, ya se sabe, quien

---

10 **pasito a pasito**   slowly
11 **darse contra**   fall to
12 **que nos diera ... liarnos**   that it gave us both to join in
13 **lo único ... resabio**   the only thing wrong with her was a bad mood
14 **la di = le di**
15 **porque no dijese**   to keep her quiet

a hierro mata ...[16] Por otra parte, y aunque no fuera por eso, nunca está de más el ser humanitario.

Nos alojamos en la Posada del Mirlo, en un cuarto grande que había al entrar, a la derecha, y los dos primeros días, amartelados como andábamos, no hubimos de pisar la calle ni una 5 sola vez. En el cuarto se estaba bien; [17] era amplio, de techos altos, sostenidos por sólidas traviesas de castaño, de limpio pavimento de baldosa, y con un mobiliario cómodo y numeroso que daba verdadero gusto usar. El recuerdo de aquella alcoba me acompañó a lo largo de toda mi vida como un amigo fiel; la 10 cama era la cama más señora que pude ver en mis días, con su cabecera toda de nogal labrado, con sus cuatro colchones de lana lavada ... ¡qué bien se descansaba en ella! ¡Parecía mismamente la cama de un rey! ... Había también una cómoda, alta y ventruda como una matrona, con sus cuatro hondos cajones 15 con tiradores dorados, y un armario que llegaba hasta el techo, con una amplia luna de espejo del mejor, con dos esbeltos candelabros—de la misma madera—uno a cada lado para alumbrar bien la figura ... Hasta el aguamanil—que siempre suele ser lo peor—era vistoso en aquella habitación; sus curvadas y livia- 20 nas patas de bambú y su aljofaina de loza blanca, que tenía unos pajarillos pintados en el borde, le daban una gracia que lo hacía simpático ... En las paredes había un cromo, grande y en cuatro colores, sobre la cama, representando un Cristo en el martirio; una pandereta con un dibujo en colores de la Giralda 25 de Sevilla, con su madroñera encarnada y amarilla; dos pares de castañuelas a ambos lados, y una pintura del Circo Romano, que yo reputé siempre como de mucho mérito, dado el gran parecido que le encontraba. Había también un reló sobre la cómoda, con una pequeña esfera figurando la bola del mundo y 30 sostenida con los hombros por un hombre desnudo, y dos jarrones de Talavera, con sus dibujos en azul, algo viejos ya, pero conservando todavía ese brillar que tan agradables los hace. Las sillas, que eran seis, dos de ellas con brazos, eran altas de respaldo, con un mullido peluche colorado por culera (con per- 35

---

[16] **quien a hierro mata [a hierro muere]** he who lives by the sword dies by the sword
[17] **se estaba bien** one could be quite comfortable

dón), recias de patas y tan cómodas que mucho hube de echarlas de menos al volver para la casa, y no digamos ahora al estar aquí metido.[18] ¡Aún me acuerdo de ellas, a pesar de los años pasados!

5　Mi mujer y yo nos pasábamos las horas disfrutando de la comodidad que se nos brindaba y, como ya le dije, en un principio para nada salíamos a la calle. ¿Qué nos interesaba a nosotros lo que en ella ocurría si allí dentro teníamos lo que en todo el resto de la ciudad no nos podían ofrecer?

Mala cosa es la desgracia, créame. La felicidad de aquellos 10　dos días llegaba ya a extrañarme por lo completa que parecía ...

Al tercer día, el sábado, se conoce que señalados por los familiares de la atropellada, nos fuimos a encontrar de manos a boca con la pareja. Una turbamulta de chiquillos se agolpó a la puerta al saber que por allí andaba la Guardia Civil, y nos dió 15　una cencerrada que hubimos de tener un mes entero clavada en los oídos. ¿Qué maligna crueldad despertará en los niños el olor de los presos?; nos miran como bichos raros, con los ojos todos encendidos, con una sonrisilla viciosa por la boca, como miran a la oveja que apuñalan en el matadero—esa oveja en cuya san-20　gre caliente mojan las alpargatas—, o al perro que dejó quebrado el carro que pasó—ese perro que tocan con la varita por ver si está vivo todavía—, o a los cinco gatitos recién nacidos a los que apedrean, esos cinco gatitos a los que sacan de vez en cuando por jugar, por prolongarles un poco de vida—¡tan mal los quie-25　ren!—, por evitar que dejen de sufrir demasiado pronto ... En un principio me atosigó bastante la llegada de los civiles, y aunque hacía esfuerzos por aparentar serenidad, mucho me temo que mi turbación no permitiera mostrarla. Con la Guardia Civil venía un mozo de unos veinticinco años, nieto de la vieja, es-30　pigado y presumido como a esa edad corresponde, y esa fué mi providencia, porque como con los hombres, ya lo sabe usted, no hay mejor cosa que usar de la palabra [19] y hacer sonar la bolsa, en cuanto le llamé galán y le metí seis pesetas en la mano se marchó más veloz que una centella y más alegre que unas casta-35　ñuelas,[20] y pidiéndole a Dios—por seguro lo tengo—ver en su

18　**y no digamos ... metido**　not to mention since I've been here
19　**usar de la palabra**　using a little flattery
20　**más alegre que unas castañuelas**　happy as a lark

vida muchas veces a la abuela entre las patas de los caballos. La Guardia Civil, quién sabe si por eso de que la parte ofendida tan presto entrara en razón, se atusó los mostachos, carraspeó, me habló del peligro de la espuela pronta, pero, lo que es más principal, se marchó sin incordiarme más. 5

Lola estaba como transida por el temor que le produjera la visita, pero como en realidad no era mujer cobarde, aunque sí asustadiza, se repuso del sofocón no más [21] pasados los primeros momentos, le volvió el color a las mejillas, el brillo a la mirada y la sonrisa a los labios, para quedar en seguida tan guapota y bien plantada como siempre. 10

En aquel momento—bien me acuerdo—fué cuando le noté por vez primera algo raro en el vientre y un tósigo de verla así me entró en el corazón, que vino—en el mismo medio del apuro—a tranquilizar mi conciencia, que preocupadillo me tenía [22] ya por entonces con eso de no sentirla latir [23] ante la idea del primer hijo. Era muy poco lo que se le notaba, y bien posible hubiera sido que, de no saberlo, [24] jamás me hubiera percatado de ello ... 15

Compramos en Mérida algunas chucherías para la casa, pero como el dinero que llevábamos no era mucho, y además había sido mermado con las seis pesetas que le di al nieto de la atropellada, decidí retornar al pueblo por no parecerme cosa de hombres prudentes el agotar el monedero hasta el último ochavo. Volví a ensillar la yegua, a enjaezarla con la sobremontura y las riendas de la feria del señor Vicente y a enrollarme la manta en el arzón, para con ella—y con mi mujer a la grupa como a la ida—volverme para Torremejía. Como mi casa estaba, como usted sabe, en el camino de Almendralejo, y como nosotros de donde veníamos era de Mérida, hubimos de cruzar, para arrimarnos a ella, la línea entera de casas de forma que todos los vecinos, por ser ya la caída de la tarde, pudieron vernos llegar—tan marciales—y mostrarnos su cariño, que por en- 20 25 30

[21] **no más = apenas**
[22] **preocupadillo me tenía**   was bothering me a bit
[23] **con eso ... latir**   because I was unable to feel any emotion (**la** *refers to* **conciencia**)
[24] **de no saberlo**   if I hadn't known it

tonces lo había,[25] con el buen recibir que nos hicieron. Yo me
apeé, volteándome por la cabeza [26] para no herir a Lola de una
patada, requerido por mis compañeros de soltería y de labranza,
y con ellos me fuí, casi llevado en volandas, hasta la taberna de
5 Marinete *El Gallo,* adonde entramos en avalancha y cantando,
y en donde el dueño me dió un abrazo contra su vientre, que a
poco me marea [27] entre las fuerzas que hizo [28] y el olor a vino
blanco que despedía. A Lola la besé en la mejilla y la mandé
para casa a saludar a las amigas y a esperarme, y ella se marchó,
10 jineta sobre la hermosa yegua, espigada y orgullosa como una
infanta, y bien ajena—como siempre pasa—a que el animal
había de ser la causa del primer disgusto.

En la taberna, como había una guitarra, mucho vino y suficiente buen humor, estábamos todos como radiantes y alboro-
15 zados, dedicados a lo nuestro y tan ajenos al mundo que entre el
cantar y el beber se nos iban pasando los tiempos como sin sentir-
los. Zacarías, el del señor Julián, se arrancó por seguidillas.[29]
¡Daba gusto oírlo con su voz tan suave como la de un jilguero!
Cuando él cantaba, los demás—mientras anduvimos serenos—
20 nos callábamos a escuchar como embobados, pero cuando tuvimos más arranque, por el vino y la conversación, nos liamos a
cantar en rueda, y aunque nuestras voces no eran demasiado
templadas, como llegaron a decirse cosas divertidas, todo se nos
era perdonado.

25 Es una pena que las alegrías de los hombres nunca se sepa
a dónde nos han de llevar, porque de saberlo no hay duda que
algún disgusto que otro nos habríamos de ahorrar; lo digo porque la velada en casa de *El Gallo* acabó como el rosario de la
aurora [30] por eso de no sabernos ninguno parar a tiempo. La
30 cosa fué bien sencilla, tan sencilla como siempre resultan ser las
cosas que más vienen a complicarnos la vida.

25 **que por entonces lo había** which existed at that time
26 **volteándome por la cabeza** vaulting over the head [of the horse]
27 **a poco me marea** = **casi me mareó**
28 **las fuerzas que hizo** the way he squeezed me
29 **se arrancó por seguidillas** started to sing seguidillas (*Spanish song
and dance of ancient origin*)
30 **acabó ... aurora** broke up in disorder

El pez muere por la boca,[31] dicen, y dicen también que quien mucho habla mucho yerra, y que en boca cerrada no entran moscas, y a fe que algo de cierto para mí tengo [32] que debe de haber en todo ello, porque si Zacarías se hubiese callado como Dios manda [33] y no se hubiese metido en camisa de once varas, entonces se hubiera ahorrado un disgustillo y ahora el servir para anunciar la lluvia a los vecinos con sus tres cicatrices.[34] El vino no es un buen consejero ...

Zacarías, en medio de la juerga, y por hacerse el chistoso, nos contó no sé qué sucedido, o discurrido, de un palomo ladrón, que yo me atrevería a haber jurado en el momento—y a seguir jurando aún ahora mismo—que lo había dicho pensando en mí; nunca fuí susceptible, bien es verdad, pero cosas tan directas hay—o tan directas uno se las cree—que no hay forma ni de no darse por aludido ni de mantenerse uno en sus casillas y no saltar.[35]

Yo le llamé la atención.

—¡Pues no le veo la gracia!

—Pues todos se la han visto, Pascual.

—Así será, no lo niego; pero lo que digo es que no me parece de bien nacidos el hacer reír a los más metiéndose con los menos.[36]

—No te piques, Pascual; ya sabes, el que se pica ...[37]

—Y que tampoco me parece de hombres el salir con bromas a los insultos.

—No lo dirás por mí ...[38]

—No; lo digo por el gobernador.

—Poco hombre me pareces tú para lo mucho que amenazas.

—Y que cumplo.

—¿Que cumples?

[31] **El pez ... boca** The fish dies because he opens his mouth (i.e., to bite the hook)
[32] **para mí tengo** it seems to me
[33] **como Dios manda** as he should have done
[34] **cicatrices** *Rainy weather is said to cause inflammation of scars.*
[35] **mantenerse ... saltar** to keep one's temper and not give way
[36] **el hacer ... menos** to make the many laugh by picking on the few
[37] **el que se pica [él mismo se lo aplica]** If the shoe fits, wear it (i.e., he who takes offense is his own accuser)
[38] **No lo dirás por mí** Surely you aren't referring to me

—¡Sí!

Yo me puse de pie.

—¿Quieres que salgamos al campo?

—¡No hace falta!

5   —¡Muy bravo te sientes!

Los amigos se echaron a un lado, que nunca fuera cosa de hombres meterse a evitar las puñaladas ...

Yo abrí la navaja con parsimonia; en esos momentos una precipitación, un fallo, puede sernos de unas consecuencias fu-
10 nestas. Se hubiera podido oír el vuelo de una mosca, tal era el silencio ...

Me levanté, me fuí hacia él, y antes de darle tiempo a ponerse en facha, le arreé tres navajazos que lo dejé como tem-
blando. Cuando se lo llevaban, camino de la botica de don
15 Raimundo, le iba manando la sangre como de un manantial ...

[IX]

Yo tiré para casa acompañado de tres o cuatro de los íntimos, algo fastidiado por lo que acababa de ocurrir.

—También fué mala pata ... a los tres días de casado.[1]

Íbamos callados, con la cabeza gacha, como pesarosos.

—Él se lo buscó; la conciencia bien tranquila la tengo. ¡Si [5] no hubiera hablado! ...

—No le des más vueltas,[2] Pascual.

—¡Hombre, es que lo siento, ya ves! ¡Después de que todo pasó! [3]

Era ya la madrugada y los gallos cantores lanzaban a los [10] aires su pregón. El campo olía a jaras y a tomillo.

—¿Dónde le di?

—En un hombro.

—¿Muchas?

—Tres.   [15]

—¿Sale? [4]

—¡Hombre, sí! ¡Yo creo que saldrá!

—Más vale.

Nunca me pareció mi casa tan lejos como aquella noche ...

—Hace frío ...   [20]

—No sé, yo no tengo.

—¡Será el cuerpo! [5]

—Puede ...[6]

Pasábamos por el cementerio.

—¡Qué mal se debe estar ahí dentro!   [25]

—¡Hombre! ¿Por qué dices eso? ¡Qué pensamientos más raros se te ocurren!

[1] **También ... casado**   That was a bad break, married just three days
[2] **No le des más vueltas**   Don't keep on about it
[3] **¡Después de que todo pasó!**   Now that it's all over!
[4] **¿Sale?**   Will he pull through?
[5] **¡Será el cuerpo!**   I guess it's just me!
[6] **Puede = Puede ser**

—¡Ya ves!

El ciprés parecía un fantasma, alto y seco, un centinela de los muertos ...

—Feo está el ciprés ...

5   —Feo.

En el ciprés una lechuza, un pájaro de mal agüero, dejaba oír su silbo misterioso.

—Mal pájaro ése.

—Malo ...

10   —Y que todas las noches está ahí.

—Todas ...

—Parece como si gustase de acompañar a los muertos.

—Parece ...

—¿Qué tienes?

15   —¡Nada! ¡No tengo nada! Ya ves, manías ...[7]

Miré para Domingo; estaba pálido como un agonizante.

—¿Estás enfermo?

—No ...

—¿Tienes miedo?

20   —¿Miedo yo? ¿De quién he de tener miedo?

—De nadie, hombre; era por decir algo.

El señorito Sebastián intervino:

—Venga, callaros; a ver si ahora la vais a emprender vosotros.

25   —No ...

—¿Falta mucho,[8] Pascual?

—Poco; ¿por qué?

—Por nada ...

La casa parecía como si la cogieran con una mano miste-

30 riosa y se la fuesen llevando cada vez más lejos.

—¿Nos pasaremos?[9]

—¡Hombre, no! Alguna luz ya habrá encendida.

Volvimos a callarnos. Ya poco podía faltar ...

—¿Es aquello?

35   —Sí.

---

[7] **Ya ves, manías**   Nerves, you know
[8] **Falta mucho**   Is it much farther
[9] **¿Nos pasaremos?**   Do you suppose we'll miss it?

—¿Y por qué no lo decías?

—¿Para qué? ¿No lo sabías?

A mí me extrañó el silencio que había en mi casa. Las mujeres estarían aún allí según la costumbre, y las mujeres ya sabe usted lo mucho que alzan la voz para hablar.

—Parece que duermen.

—¡No creo! ¡Ahí tienen una luz!

Nos acercamos a la casa; efectivamente, había una luz.

La señora Engracia estaba a la puerta; hablaba con la *s*, como la lechuza del ciprés; a lo mejor tenía hasta la misma cara ...

—¿Y usted por aquí?

—Pues ya ves, hijo, esperándote estaba.

—¿Esperándome?

—Sí.

El misterio que usaba conmigo la señora Engracia no me podía agradar.

—¡Déjeme pasar!

—¡No pases!

—¿Por qué?

—¡Porque no!

—¡Esta es mi casa!

—Ya lo sé, hijo; por muchos años ... Pero no puedes pasar.

—¿Pero por qué no puedo pasar?

—Porque no puede ser, hijo. ¡Tu mujer está mala!

—¿Mala?

—Sí.

—¿Qué le pasa?

—Nada; que abortó.

—¿Que abortó?

—Sí; la descabalgó la yegua ...

La rabia que llevaba dentro no me dejó ver claro; tan obcecado estaba que ni me percaté de lo que oía ...

—¿Dónde está la yegua?

—En la cuadra.

La puerta de la cuadra que daba al corral era baja de quicio ... Me agaché para entrar; no se veía nada ...

—¡Tó, yegua!

La yegua se arrimó contra el pesebre; yo abrí la navaja con cuidado; en esos momentos, el poner un pie en falso [10] puede sernos de unas consecuencias funestas ...

—¡Tó, yegua!

5 Volvió a cantar el gallo en la mañana ...

—¡Tó, yegua!

La yegua se movía hacia el rincón. Me arrimé; llegué hasta poder darle una palmada en las ancas ... El animal estaba despierto, como impaciente ...

10 —¡Tó, yegua!

Fué cosa de un momento. Me eché sobre ella y la clavé; la clavé lo menos veinte veces ...

Tenía la piel dura; mucho más dura que la de Zacarías ... Cuando de allí salí saqué el brazo dolido; la sangre me llegaba 15 hasta el codo ... El animalito no dijo ni pío; se limitaba a respirar más hondo y más de prisa, como cuando la echaban al macho.

[10] **el poner ... falso**   one false move

[X]

POR seguro se lo digo que—aunque después, al enfriarme, pensara lo contrario—en aquel momento no otra cosa me pasó por el magín que la idea de que el aborto de Lola pudiera habérsele ocurrido tenerlo de soltera. ¡Cuánta bilis y cuánto resquemor y veneno me hubiera ahorrado!

A consecuencia de aquel desgraciado accidente me quedé como anonadado y hundido en las más negras imaginaciones y hasta que reaccioné hubieron de pasar no menos de doce largos meses en los cuales, como evadido del espíritu,[1] andaba por el pueblo. Al año, o poco menos, de haberse malogrado lo que hubiera de venir, quedó Lola de nuevo encinta y pude ver con alegría que idénticas ansias y los mismos desasosiegos que la vez primera me acometían: el tiempo pasaba demasiado despacio para lo de prisa que quisiera yo verlo pasar, y un humor endiablado me acompañaba como una sombra dondequiera que fuese.

Me torné huraño y montaraz, aprensivo y hosco, y como ni mi mujer ni mi madre entendieran gran cosa de caracteres, estábamos todos en un constante vilo por ver dónde saltaba la bronca.[2] Era una tensión que nos destrozaba, pero que parecía como si la cultivásemos forzosos; todo nos parecía alusivo, todo malintencionado, todo de segunda intención ... ¡Fueron unos meses de un agobio como no puede usted ni figurar!

La idea de que mi mujer pudiera volver a abortar era algo que me sacaba de quicio; los amigos me notaban extraño, y la *Chispa*—que por entonces viva andaba todavía—parecía que me miraba menos cariñosa.

Yo la hablaba,[3] como siempre ...

—¿Qué tienes?

[1] **evadido del espíritu** dispirited
[2] **por ver ... bronca** wondering how the quarrel would break out
[3] **la hablaba = le hablaba**

Y ella me miraba como suplicante, moviendo el rabillo muy de prisa, casi gimiendo y poniéndome unos ojos que destrozaban el corazón. A ella también se le habían ahogado las crías en el vientre ... En su inocencia, ¡quién sabe si no conocería la
5 mucha pena que su desgracia me produjera! Eran tres los perrillos que vivos no llegaron a nacer; los tres igualitos, los tres pegajosos como el almíbar, los tres grises y medio sarnosos como ratas ... Abrió un hoyo entre los cantuesos y allí los metió. Cuando al salir al monte detrás de los conejos parábamos un
10 rato por templar el aliento, ella, con ese aire doliente de las hembras sin hijos, se acercaba hasta el hoyo por olerlo.

Cuando, entrando ya el octavo mes, la cosa marchaba como sobre carriles; [4] cuando, gracias a los consejos de la señora Engracia, el embarazo de mi mujer iba camino de convertirse en un
15 modelo de embarazo, y cuando, por el mucho tiempo pasado y por el poco que faltaba ya por pasar, todo podía hacer suponer que lo prudente sería alejar el cuidado, tales ansias me entraban, y tales prisas, que por seguro tuve desde entonces el no loquear en la vida si de aquel berenjenal salía con razón.

20 Hacia los días señalados por la señora Engracia, y como si Lola fuese un reló, de precisa como andaba, [5] vino al mundo, y con una sencillez y una felicidad que a mí ya me tenían extraño, [6] mi nuevo hijo, mejor dicho, mi primer hijo, a quien en la pila del bautismo pusimos por nombre Pascual, como su padre, un
25 servidor. Yo hubiera querido ponerle Eduardo, por haber nacido en el día del Santo y ser la costumbre de la tierra; pero mi mujer, que por entonces andaba cariñosa como nunca, insistió en ponerle el nombre que yo llevaba, cosa para la que poco tiempo gastó en convencerme, dada la mucha ilusión que me
30 hacía. [7] Mentira me parece, pero por bien cierto le aseguro que lo tengo, el que por entonces la misma ilusión que a un muchacho con botas nuevas me hicieran los excesos de cariño de mi mujer; se los agradecía de todo corazón, se lo juro.

Ella, como era de natural recio y vigoroso, a los dos días del

---

4 **como sobre carriles**   smoothly (*lit.*, as if on rails)
5 **de precisa como andaba**   so punctual was she
6 **me tenían extraño**   surprised me
7 **dada ... hacía**   since it pleased me so much

parto estaba tan nueva como si nada hubiera pasado. La figura que formaba,[8] toda desmelenada dándole de mamar a la criatura, fué una de las cosas que más me impresionaron en la vida; aquello solo me compensaba con creces los muchos cientos de malos ratos pasados ...   5

Yo me pasaba largas horas sentado a los pies de la cama. Lola me decía, muy bajo, como ruborizada:

—Ya te he dado uno ...

—Sí.

—Y bien hermoso ...   10

—Gracias a Dios.

—Ahora hay que tener cuidado con él ...

—Sí, ahora es cuando hay que tener cuidado.

—De los cerdos.

El recuerdo de mi pobre hermano Mario me asaltaba; si   15
yo tuviera un hijo con la desgracia de Mario, lo ahogaría para privarle de sufrir ...

—Sí; de los cerdos.

—Y de las fiebres también.

—Sí.   20

—Y de las insolaciones ...

—Sí; también de las insolaciones.

El pensar que aquel tierno pedazo de carne que era mi hijo, a tales peligros había de estar sujeto, me ponía las carnes de gallina.   25

—Le pondremos vacuna.

—Cuando sea mayorcito ...

—Y lo llevaremos siempre calzado, porque no se corte los pies.

—Y cuando tenga siete añitos lo mandaremos a la escuela ...   30

—Y yo le enseñaré a cazar ...

Lola se reía, ¡era feliz! Yo también me sentía feliz, ¿por qué no decirlo?, viéndola a ella, hermosa como pocas, con un hijo en el brazo como una Santa María.

—¡Haremos de él un hombre de provecho! ...   35

¡Qué ajenos estábamos los dos a que Dios—que todo lo dispone para la buena marcha de los universos—nos lo había de

[8] **La figura que formaba** The picture that she presented

quitar! Nuestra ilusión, todo nuestro bien, nuestra fortuna entera, que era nuestro hijo, habíamos de acabar perdiéndolo aun antes de poder probar a encarrilarlo. ¡Misterios de los afectos, que se nos van cuando más falta nos hacen!

5 Sin encontrar una causa que lo justificase, aquel gozar con la contemplación del niño me daba muy mala espina. Siempre tuve muy buen ojo para la desgracia—no sé si para mi bien o para mi mal—y aquel presentimiento, como todos, fué a confirmarse al rodar de los meses como para seguir redondeando mi
10 desdicha, esa desdicha que nunca parecía acabar de redondearse.

Mi mujer seguía hablándome del hijo.

—Bien se nos cría ... Parece un rollito de manteca ...

Y aquel hablar y más hablar de la criatura hacía que poco a poco se me fuera volviendo odiosa; nos iba a abandonar, a dejar
15 hundidos en la desesperanza más ruin, a deshabitarnos como esos cortijos arruinados, de los que se apoderan las zarzas y las ortigas, los sapos y los lagartos, y yo lo sabía, estaba seguro de ello, sugestionado de su fatalidad, cierto de que más tarde o más temprano tenía que suceder, y esa certeza de no poder oponerme
20 a lo que el instinto me decía, me ponía los genios en una tensión que me los forzaba.

Yo algunas veces me quedaba mirando como un inocente para Pascualillo, y los ojos a los pocos minutos se me ponían arrasados por las lágrimas; le hablaba:
25 —Pascual, hijo ...

Y él me miraba con sus redondos ojos, y me sonreía ...

Mi mujer volvía a intervenir:

—Pascual, bien se nos cría el niño.

—Bien, Lola ... ¡Ojalá siga así!
30 —¿Por qué lo dices?

—Ya ves. ¡Las criaturas son tan delicadas! ...

—¡Hombre, no seas mal pensado!

—No; mal pensado, no ... ¡Hemos de tener mucho cuidado!

—Mucho.
35 —Y evitar que no se resfríe.

—Sí ... ¡Podría ser su muerte!

—Los niños mueren de resfriado ...

—¡Algún mal aire! ...

La conversación iba muriendo poco a poco, como los pájaros o como las flores, con la misma dulzura y lentitud con las que, poco a poco también, mueren los niños, los niños atravesados por algún mal aire traidor ...

—Estoy como espantada, Pascual.

—¿De qué?

—¡Mira que si se nos va! ...

—¡Mujer!

—¡Son tan tiernas las criaturas a esta edad! ...

—Nuestro hijo bien hermoso está, con sus carnes rosadas y su risa siempre en la boca.

—Cierto es, Pascual. ¡Soy tonta!—Y se reía, toda nerviosa, abrazando al hijo contra su pecho.

—¡Oye!

—¡Qué!

—¿De qué murió el hijo de la Carmen?

—¿Y a ti qué más te da? [9]

—¡Hombre! Por saber ...

—Dicen que murió de moquillo.

—¿Por algún mal aire?

—Parece.

—¡Pobre Carmen, con lo contenta que andaba con el hijo! La misma carita de cielo del padre [10]—decía—, ¿te acuerdas?

—Sí, me acuerdo ...

—Contra más ilusión se hace una, parece como si más apuro hubiese por hacérnoslo perder ...[11]

—Sí.

—Debería saberse cuánto había de durarnos cada hijo, que lo llevasen escrito en la frente ...

—¡Calla! ...

—¿Por qué?

—¡No puedo oírte!

Un golpe de azada en la cabeza no me hubiera dejado en aquel momento más aplanado que las palabras de Lola.

[9] **¿Y a ti qué más te da?** What's it to you?
[10] **La misma ... padre** The same angelic little face as his father
[11] **Contra más ... perder** It seems as if the more happiness one has, the more trouble comes along to take it away

—¿Has oído?

—¡Qué!

—La ventana.

—¿La ventana?

5 —Sí; chirría como si quisiera atravesarla algún aire ...

El chirriar de la ventana, mecida por el aire, se fué a confundir con una queja.

—¿Duerme el niño?

—Sí.

10 —Parece como que sueña.

—No lo oigo.

—Y que se lamenta como si tuviera algún mal ...

—¡Aprensiones!

—¡Dios te oiga! Me dejaría sacar los ojos.[12]

15 En la alcoba, el quejido del niño semejaba el llanto de las encinas pasadas por el viento.

—¡Se queja! ...

Lola fué a ver qué le pasaba; yo me quedé en la cocina fumando un pitillo, ese pitillo que siempre me cogen fumando los 20 momentos de apuro ...

... ...

Pocos días duró. Cuando lo devolvimos a la tierra, once meses tenía; once meses de vida y de cuidados, a los que algún mal aire traidor echó por el suelo ...

12 **Me dejaría sacar los ojos** I'd give my right arm to save him (*lit.*, **I'd let my eyes be torn out**)

[XI]

Quién sabe si no sería Dios que me castigaba por lo mucho que había pecado y por lo mucho que había de pecar todavía! ¡Quién sabe si no sería que estaba escrito en la divina memoria que la desgracia había de ser mi único camino, la única senda por la que mis tristes días habían de discurrir! ... 5

A la desgracia no se acostumbra uno, créame, porque siempre nos hacemos la ilusión de que la que estamos soportando la última ha de ser, aunque después, al pasar de los tiempos, nos vayamos empezando a convencer—¡y con cuánta tristeza!—que lo peor aún está por pasar ... Se me ocurren estos pensamientos 10 porque si cuando el aborto de Lola y las cuchilladas de Zacarías creí desfallecer de la nostalgia,[1] no por otra cosa era—¡bien es cierto!—sino porque aún no sospechaba en lo que había de parar.

Tres mujeres hubieron de rodearme cuando Pascualillo nos 15 abandonó; tres mujeres a las que por algún vínculo estaba unido, aunque a veces me encontrase tan extraño a ellas como al primer desconocido que pasase, tan desligado de ellas como del resto del mundo, y de esas tres mujeres, ninguna, créame usted, ninguna, supo con su cariño o con sus modales hacerme 20 más llevadera la pena de la muerte del hijo; al contrario, parecía como si se hubiesen puesto de acuerdo para amargarme la vida ... Esas tres mujeres eran mi mujer, mi madre y mi hermana.

¡Quién lo hubiera de decir, con las esperanzas que en su compañía llegué a tener puestas! 25

Las mujeres son como los grajos, de ingratas y malignas ... Siempre estaban diciendo:

—¡El angelito que un mal aire se llevó! ...

—¡Para los limbos por librarlo de nosotros![2]

---

[1] **creí ... nostalgia** I thought I'd pine away remembering happier days
[2] **¡Para los limbos ... nosotros!** Sent to Limbo to get him away from us!

—¡La criatura que era mismamente un sol!

—¡Y la agonía! ...

—¡Que ahogadito en los brazos lo hube de tener!

Parecía una letanía, agobiadora y lenta como las noches de
5 vino, despaciosa y cargante como las andaduras de los asnos.

Y así un día, y otro día, y una semana y otra ... ¡Aquello era
horrible, era un castigo de los cielos, a buen seguro, una maldición de Dios! ...

Y yo me contenía.

10   —Es el cariño—pensaba—que las hace ser crueles sin
querer.

Y trataba de no oír, de no hacer caso, de verlas accionar sin
tenerlas más en cuenta que si fueran fantoches, de no poner cuidado en ³ sus palabras ... Dejaba que la pena muriese con el tiem-
15 po, como las rosas cortadas, guardando mi silencio como una
joya por intentar sufrir lo menos que pudiera. ¡Vanas ilusiones
que no habían de servirme para otra cosa que para hacerme ex-
trañar más cada día la dicha de los que nacen para la senda fácil,
y cómo Dios permitía que tomarais cuerpo en mi imaginación!

20   Temía la puesta del sol como al fuego o como a la rabia; el
encender el candil de la cocina, a eso de las siete de la tarde, era
lo que más me dolía hacer de toda la jornada. Todas las sombras me recordaban al hijo muerto, todas las subidas y bajadas ⁴
de la llama, todos los ruidos de la noche, esos ruidos de la noche
25 que casi no se oyen, pero que suenan en nuestros oídos como los
golpes del hierro contra el yunque ...

Allí estaban, enlutadas como cuervos, las tres mujeres, ca-
lladas como muertos, hurañas, serias como carabineros. Algunas
veces yo les hablaba por tratar de romper el hielo.

30   —Duro está el tiempo.

—Sí ...

Y volvíamos todos al silencio.

Yo insistía.

—Parece que el señor Gregorio ya no vende la mula ...
35 ¡Para algo la necesitará!

—Sí ...

---

³ **no poner cuidado en**   not to pay attention to
⁴ **las subidas y bajadas**   the flickering

—¿Habéis estado en el río?

—No ...

—¿Y en el cementerio?

—Tampoco ...

No había manera de sacarlas de ahí.[5] La paciencia que con ellas usaba, ni la había usado jamás, ni jamás volviera a usarla con nadie. Hacía como si no me diese cuenta de lo raras que estaban, para no precipitar el escándalo que sin embargo había de venir, fatal como las enfermedades y los incendios, como los amaneceres y como la muerte, porque nadie era capaz de impedirlo.

Las más grandes tragedias de los hombres parecen llegar como sin pensarlas, con su paso de lobo cauteloso, a asestarnos su aguijonazo repentino y taimado como el de los alacranes ...

Las podría pintar como si ante mis ojos todavía estuvieran, con su sonrisa amarga y ruin de hembras enfriadas, con su mirar perdido muchas leguas a través de los muros.[6] Pasaban cruelmente los instantes; las palabras sonaban a voz de aparecido ...

—Ya es la noche cerrada.[7]

—Ya lo vemos ...

La lechuza estaría sobre el ciprés.

—Fué como ésta la noche ...

—Sí.

—Era algo más tarde ...

—Sí.

—El mal aire traidor andaba aún por el campo ...

... ...

—Perdido en los olivos ...

—Sí.

El silencio con su larga campana volvió a llenar el cuarto.

—¿Dónde andará aquel aire?

... ...

—¿Aquel mal aire traidor? ...

Lola tardó algún tiempo en contestar.

—No sé.

---

[5] **No había ... ahí**   There was no way to draw them out
[6] **con su mirar ... muros**   with a far-away look in their eyes
[7] **Ya es la noche cerrada**   It's pitch-dark now

—¡Habrá llegado al mar!

—Atravesando criaturas ...

Una leona atacada no tuviera aquel gesto que puso mi mujer.

5 —¡Para que una se raje como una granada! ... ¡Parir para que el aire se lleve lo parido, mal castigo te espere! ...[8]

—¡Si la vena de agua que mana gota a gota sobre el charco pudiera haber ahogado aquel mal aire! ...

... ...

[8] **mal castigo te espere**   may you rot in hell

[XII]

Estoy hasta los huesos de tu cuerpo! [1]

. . . .

—¡De tu carne de hombre que no aguanta los tiempos!

. . . .

—¡Ni aguanta el sol de estío!　　　　　　　　5

. . . .

—¡Ni los fríos de diciembre!

. . . .

—¡Para esto crié yo mis pechos, duros como el pedernal!

. . . .　　　　　　　10

—¡Para esto crié yo mi boca, fresca como la pavía!

. . . .

—¡Para esto te di yo dos hijos, que ni el andar de la caballería ni el mal aire en la noche supieron aguantar!

Estaba como loca, como poseída por todos los demonios, alborotada y fiera como un gato montés ... Yo aguantaba callado la gran verdad.　　15

—¡Eres como tu hermano!—la puñalada a traición que mi mujer gozaba en asestarme ...

. . . .　　20

Para nada nos vale el apretar el paso al vernos sorprendidos en el medio de la llanura por la tormenta. Nos mojamos lo mismo y nos fatigamos mucho más. Las centellas nos azaran, el ruido de los truenos nos destempla y nuestra sangre, como incomodada, nos golpea las sienes y la garganta.　　25

—¡Ay, si tu padre Esteban viera tu poco arranque!

. . . .

—¡Tu sangre que se vierte en la tierra al tocarla!

. . . .

—¡Esa mujer que tienes! ...　　　　　　　　30

---

[1] ¡**Estoy ... cuerpo!**　I'm sick to death of your body!

¿Había de seguir? Muchas veces brilló el sol para todos; pero su luz, que ciega a los albinos, no les llega a los negros para pestañear ...[2]

—¡No siga!

5 Mi madre no podía reprochar mi dolor, el dolor que en mi pecho dejara el hijo muerto, la criatura que en sus once meses fué talmente un lucero ...

Se lo dije bien claro; todo lo claro que se puede hablar.

—El fuego ha de quemarnos a los dos, madre.

10 —¿Qué fuego?

—Ese fuego con el que usted está jugando ...

Mi madre puso un gesto como extraño.

—¿Qué es lo que quieres ver?[3]

—Que tenemos los hombres un corazón muy recio.

15 —Que para nada os sirve ...

—¡Nos sirve para todo!

No entendía; mi madre no entendía. Me miraba, me hablaba ... ¡Ay si no me mirara!

—¿Ves los lobos que tiran por el monte, el gavilán que 20 vuela hasta las nubes, la víbora que espera entre las piedras?

. . . .

—¡Pues peor que todos juntos es el hombre!

—¿Por qué me dices esto?

—¡Por nada! ...

25 Pensé decirle:

—¡Porque os he de matar! ...

Pero la voz se me trabó en la lengua.[4]

. . . .
. . . .

30 Y me quedé yo solo con la hermana, la desgraciada, la deshonrada, aquella que manchaba el mirar de[5] las mujeres decentes.

—¿Has oído?

—Sí.

---

2 **no les llega ... pestañear**   doesn't even make the Negroes blink
3 **¿Qué es ... ver?**   What are you driving at?
4 **Pero la voz ... lengua**   But the words stuck in my throat
5 **manchaba el mirar de**   was offensive to the sight of

—¡Nunca lo hubiera creído!

—Ni yo ...

—Nunca había pensado que era un hombre maldito.

—No lo eres ...

El aire se alzó sobre el monte, aquel mal aire traidor que anduvo en los olivos, que llegara hasta el mar atravesando criaturas ... Chirriaba en la ventana con su quejido.

La Rosario estaba como llorosa.

—¿Por qué dices que eres un hombre maldito?

—No soy yo quien lo dice.

... ...
... ...

—Son esas dos mujeres ...

La llama del candil subía y bajaba como la respiración; en la cocina olía a acetileno, que tiene un olor acre y agradable que se hunde hasta los nervios, que nos excita las carnes, estas pobres y condenadas carnes mías a las que tanta falta hacía por aquella fecha alguna excitación ...

Mi hermana estaba pálida; la vida que llevaba dejaba su señal cruel por las ojeras. Yo la quería con ternura, con la misma ternura con la que ella me quería a mí.

—Rosario, hermana mía ...

—Pascual ...

—Triste es el tiempo que a los dos nos aguarda.

—Todo se arreglará ...

—¡Dios lo haga!

Mi madre volvía a intervenir.

—Mal arreglo le veo.

Y mi mujer, ruin como las culebras, sonreía su maldad.

—¡Bien triste es esperar que sea Dios quien lo arregle!

Dios está en lo más alto y es como un águila con su mirar; no se le escapa detalle.

—¡Y si Dios lo arreglase!

—No nos querrá tan bien ...

... ...
... ...

Se mata sin pensar, bien probado lo tengo; a veces, sin querer. Se odia, se odia intensamente, ferozmente, y se abre la

navaja, y con ella bien abierta se llega, descalzo, hasta la cama
donde duerme el enemigo. Es de noche, pero por la ventana entra el claror de la luna; se ve bien. Sobre la cama está echado el
muerto, el que va a ser el muerto. Uno lo mira, lo oye respirar;
5 no se mueve, está quieto como si nada fuera a pasar. Como la
alcoba es vieja, los muebles nos asustan con su crujir que puede
despertarlo; que a lo mejor había de precipitar las puñaladas.
El enemigo levanta un poco el embozo y se da la vuelta; sigue
dormido. Su cuerpo abulta mucho; la ropa engaña. Uno se
10 acerca cautelosamente; lo toca con la mano con cuidado. Está
dormido, bien dormido; ni se había de enterar ...

Pero no se puede matar así; es de asesinos. Y uno piensa volver sobre sus pasos, desandar lo ya andado ... No; no es posible.
Todo está muy pensado; es un instante, un corto instante y des-
15 pués ...

Pero tampoco es posible volverse atrás. El día llegará y en
el día no podríamos aguantar su mirada, esa mirada que en nosotros se clavará aún sin creerlo ...

Habrá que huir; que huir lejos del pueblo, donde nadie
20 nos conozca, donde podamos empezar a odiar con odios nuevos.
El odio tarda años en incubar; uno ya no es un niño y cuando el
odio crezca y nos ahogue los pulsos, nuestra vida se irá. El corazón no albergará más hiel y ya estos brazos, sin fuerza, caerán ...

[XIII]

CERCA de un mes entero he estado sin escribir, tumbado boca
arriba sobre el jergón, viendo pasar las horas, esas horas que a
veces parecen tener alas y a veces se nos figuran como paralíti-
cas, dejando volar libre la imaginación, lo único que libre en mí
puede volar, contemplando los desconchados del techo, buscán- 5
doles parecidos, y en este largo mes he gozado—a mi manera—
de la vida como no había gozado en todos los años anteriores: a
pesar de todos los pesares y preocupaciones ...

Cuando la paz invade las almas pecadoras es como cuando
el agua cae sobre los barbechos, que fecunda lo seco y hace fruc- 10
tificar al erial. Lo digo porque, si bien más tiempo, mucho más
tiempo del debido tardé en averiguar que la tranquilidad es
como una bendición de los cielos, como la más preciada bendición que a los pobres y a los sobresaltados nos es dado esperar,
ahora que ya lo sé, ahora que la tranquilidad con su amor ya 15
me acompaña, disfruto de ella con un frenesí y un regocijo que
mucho me temo que, por poco que me reste de respirar—¡y bien
poco me resta!—, la agote antes de tiempo. Es probable que si
la paz a mí me hubiera llegado algunos años antes, a estas alturas
fuera, cuando menos, cartujo, porque tal luz vi en ella y tal bien- 20
estar, que dudo mucho que entonces no hubiera sido fascinado
como ahora lo soy. Pero no quiso Dios que esto ocurriera y hoy
me encuentro encerrado y con una condena sobre mi cabeza que
no sé qué sería mejor, si que cayera de una buena vez o que siguiera alargando esta agonía, a la que sin embargo me aferro 25
con más cariño, si aún cupiese, que el que para aferrarme emplearía de ser suave mi vivir. Usted sabe muy bien lo que quiero
decir.

En este largo mes que dediqué a pensar, todo pasó por mí:
la pena y la alegría, el gozo y la tristeza, la fe y la desazón y la 30
desesperanza ... ¡Dios, y en qué flacas carnes fuiste a experimen-

tar! Temblaba como si tuviera fiebre cuando un estado del alma
se marchaba porque viniese el otro, y a mis ojos acudían las
lágrimas como temerosas. Son muchos treinta días seguidos [1] dedicado a pensar en una sola cosa, dedicado a criar los más pro-
5 fundos remordimientos, solamente preocupado por la idea de
que todo lo malo pasado ha de conducirnos al infierno ... Envi-
dio al ermitaño con la bondad en la cara, al pájaro del cielo, al
pez del agua, incluso a la alimaña de entre los matorrales, porque tiene tranquila la memoria. ¡Mala cosa es el tiempo pa-
10 sado en el pecado!

Ayer me confesé; fuí yo quien di el aviso al sacerdote. Vino
un curita viejo y barbilampiño, el P. Santiago Lurueña, bondadoso y acongojado, caritativo y raído como una hormiga.

Es el capellán, el que dice la misa los domingos, esa misa
15 que oyen un centenar de asesinos, media docena de guardias y
dos pares de monjas ...

Cuando entró lo recibí de pie.

—Buenas tardes, Padre.

—Hola, hijo; me dicen que me llamas.

20 —Sí, señor; yo lo llamo.

Él se acercó hasta mí y me besó en la frente. Hacía muchos
años que nadie me besaba ...

—¿Es para confesarte?

—Sí, señor.

25 —Hijo, ¡me das una alegría!

—Yo estoy también contento, Padre.

—Dios todo lo perdona; Dios es muy bondadoso ...

—Sí, Padre.

—Y es dichoso de ver retornar a la oveja descarriada.

30 —Sí, Padre.

—Al hijo pródigo que vuelve a la casa paterna.

Me tenía la mano cogida con cariño, apoyada sobre la sotana, y me miraba a los ojos como queriendo que le entendiera
mejor.

35 —La fe es como la luz que guía nuestras almas a través de
las tinieblas de la vida.

—Sí ...

---

[1] **seguidos** in a row

—Como un bálsamo milagroso para las almas dolidas ...

El Padre Santiago estaba emocionado; su voz temblaba como la de un niño azarado. Me miró sonriente, con su sonrisa suave que parecía la de un santo.

—¿Tú sabes lo que es la confesión?

Me acobardaba el contestar. Tuve que decir, con un hilo de voz:

—No mucho.

—No te preocupes, hijo; nadie nace sabiendo.

El Padre Santiago me explicó algunas cosas que no entendí del todo; sin embargo, debían de ser verdad porque a verdad sonaban. Estuvimos hablando mucho tiempo, casi toda la tarde; cuando acabamos de conversar ya el sol se había traspuesto más allá del horizonte ...

—Prepárate a recibir el perdón, hijo mío, el perdón que te doy en nombre de Dios Nuestro Señor ... Reza conmigo el Señor mío Jesucristo ...[2]

Cuando don Santiago me dió la bendición, tuve que hacer un esfuerzo extraordinario para recibirla sin albergar pensamientos siniestros en la cabeza; la recibí lo mejor que pude, se lo aseguro. Pasé mucha vergüenza, muchísima, pero nunca fuera tanta como la que creí pasar.

No pude pegar ojo en toda la noche y hoy estoy fatigado y abatido como si me hubieran dado una paliza; sin embargo, como ya tengo aquí el montón de cuartillas que pedí al Director, y como del aplanamiento en que me hundo no de otra manera me es posible salir si no es emborronando papel y más papel, voy a ver de empezar de nuevo, de coger otra vez el hilo del relato y de dar un empujón a estas memorias para ponerlas en el camino del fin. Veremos si me encuentro con fuerzas suficientes, que buena falta me harán. Cuando pienso en que, de precipitarse un poco más los acontecimientos,[3] mi narración se expone a quedarse a la mitad y como mutilada, me entran unos

[2] **el Señor mío Jesucristo** *Catholic prayer of contrition said during confession*

[3] **de precipitarse ... acontecimientos** *if events should move forward a bit more rapidly*

apuros y unas prisas que me veo y me deseo para dominarlos [4] porque pienso que si escribiendo, como escribo, poco a poco y con los cinco sentidos puestos en lo que hago, no del todo claro me ha de salir el cuento, si éste lo fuera a soltar como en
5 chorro, tan desmañado y deslavazado habría de quedar que ni su mismo padre—que soy yo—por hijo lo tendría. Estas cosas en las que tanta parte tiene la memoria hay que cuidarlas con el mayor cariño porque de trastornar los acontecimientos [5] no otro arreglo tendría el asunto sino romper los papeles para reanudar
10 la escritura, solución de la que escapo como del peligro por eso de que [6] nunca segundas partes fueron buenas. Quizás encuentre usted presumido este afán mío de que las cosas secundarias me salgan bien cuando las principales tan mal andan, y quizás piense usted con la sonrisa en la boca que es mucha pre-
15 tensión por parte mía tratar de no apurarme, porque salga mejor, en esto que cualquier persona instruída haría con tanta naturalidad y como a la pata la llana, pero si tiene en cuenta que el esfuerzo que para mí supone llevar escribiendo [7] casi sin parar desde hace cuatro meses a nada que haya hecho en mi vida es
20 comparable, es posible que encuentre disculpa para mi razonar.

Las cosas nunca son como a primera vista las figuramos, y así ocurre que cuando empezamos a verlas de cerca, cuando empezamos a trabajar sobre ellas, nos presentan tan raros y hasta tan desconocidos aspectos, que de la primera idea no nos de-
25 jan a veces ni el recuerdo; tal pasa con las caras que nos imaginamos, con los pueblos que vamos a conocer, que nos los hacemos de tal o de cual forma [8] en la cabeza, para olvidarlos repentinamente ante la vista de lo verdadero. Esto es lo que me ocurrió con este papeleo, que si al principio creí que en ocho
30 días lo despacharía, hoy—al cabo de ciento veinte—me sonrío no más que de pensar en mi inocencia.

---

4 **que me veo ... dominarlos** which I am aware of and which I want to overcome
5 **de trastornar los acontecimientos** should there be a drastic change in events
6 **solución ... eso de que** a solution which I avoid as I would danger, because
7 **llevar escribiendo = haber estado escribiendo**
8 **de tal o de cual forma** in such and such a way

No creo que sea pecado contar barbaridades de las que uno
está arrepentido. Don Santiago me dijo que lo hiciese si me traía
consuelo, y como me lo trae, y don Santiago es de esperar que
sepa por dónde anda en materia de mandamientos, no veo que
haya de ofenderse Dios porque con ello siga. Hay ocasiones en 5
las que me duele contar punto por punto los detalles, grandes o
pequeños, de mi triste vivir, pero, y como para compensar, momentos hay también en que con ello gozo con el más honesto de
los gozares, quizá por eso de que al contarlo tan alejado me encuentre de todo lo pasado como si lo contase de oídas y de al- 10
gún desconocido. ¡Buena diferencia va entre lo pasado y lo que
yo procuraría que pasara si pudiese volver a comenzar!; pero
hay que conformarse con lo inevitable, con lo que no tiene arreglo posible; a lo hecho, pecho,[9] y tratar de evitar que continúe,
que bien lo evito aunque ayudado—es cierto—por el encierro. 15
No quiero exagerar la nota de mi mansedumbre en esta última
hora de mi vida, porque en su boca se me imagina oír un *a la
vejez viruelas,*[10] que más vale que no sea pronunciado, pero
quiero, sin embargo, dejar las cosas en su último punto y asegurarle que ejemplo de familias sería mi vivir si hubiera discurrido 20
todo él por las serenas sendas de hoy.

Voy a continuar. Un mes sin escribir es mucha calma para
el que tiene contados los latidos, y demasiada tranquilidad para
quien la costumbre forzó a ser intranquilo.

[9] **a lo hecho, pecho**   don't cry over spilt milk
[10] **a la vejez viruelas**   there's no fool like an old fool

[XIV]

No perdí el tiempo en preparar la huída; asuntos hay que no admiten la espera, y éste uno de ellos es. Volqué el arca en la bolsa, la despensa en la alforja y el lastre de los malos pensamientos en el fondo del pozo y aprovechándome de la noche
5 como un ladrón, cogí el portante, enfilé la carretera y comencé a caminar—sin saber demasiado adónde ir—campo adelante y tan seguido que,[1] cuando amaneció y el cansancio que notaba en los huesos ya era mucho, quedaba el pueblo, cuando menos, tres leguas a mis espaldas. Como no quería frenarme, porque
10 por aquellas tierras alguien podría reconocerme todavía, descabecé un corto sueñecito en un olivar que había a la vera del camino, comí un bocado de las reservas, y seguí adelante con ánimo de tomar el tren tan pronto como me lo topase. La gente me miraba con extrañeza, quizá por el aspecto de trotamundos
15 que llevaba, y los niños me seguían curiosos al cruzar los poblados como siguen a los húngaros o a los descalabrados; sus miradas inquietas y su porte infantil, lejos de molestarme, me acompañaban, y si no fuera porque temía por entonces a las mujeres como al cólera morbo hasta me hubiera atrevido a regalarles con
20 alguna cosilla de las que para mí llevaba.

Al tren lo fuí a alcanzar en Don Benito, donde pedí un billete para Madrid, con ánimo no de quedarme en la corte [2] sino de continuar a cualquier punto desde el que intentaría saltar a las Américas; el viaje me resultó agradable porque el vagón
25 en que iba no estaba mal acondicionado y porque era para mí mucha novedad el ver pasar el campo como en una sábana de la que alguna mano invisible estuviera tirando, y cuando por bajarse todo el mundo averigüé que habíamos llegado a Madrid,

---

[1] **campo ... seguido que** across the countryside and at such a pace that
[2] **la corte** = **Madrid** (*name given to Madrid because it was the seat of the Spanish monarchy*)

tan lejos de la capital me imaginaba que el corazón me dió un vuelco en el pecho; ese vuelco en el pecho que el corazón siempre da cuando encontramos lo cierto, lo que ya no tiene remedio, demasiado cercano para tan alejado como nos lo habíamos imaginado.

Como bien percatado estaba de la mucha picaresca que en Madrid había, y como llegamos de noche, hora bien a propósito para que los truhanes y rateros hicieran presa en mí, pensé que la mayor prudencia había de ser esperar a la amanecida para buscarme alojamiento y aguantar mientras tanto dormitando en algún banco de los muchos que por la estación había. Así lo hice; me busqué uno del extremo, algo apartado del mayor bullicio, me instalé lo más cómodo que pude, y, sin más protección que la del ángel de mi guarda, me quedé más dormido que una piedra aunque al echarme pensara en imitar el sueño de la perdiz, con un ojo en la vela mientras descansaba el otro. Dormí profundamente, casi hasta el nuevo día, y cuando desperté tal frío me había cogido los huesos y tal humedad sentía en el cuerpo que pensé que lo mejor sería no parar ni un solo momento más; salí de la estación y me acerqué hasta un grupo de obreros que alrededor de una hoguera estaban reunidos, donde fuí bien recibido y en donde pude echar el frío de los cueros al calor de la lumbre. La conversación, que al principio parecía como moribunda, pronto reavivó y como aquélla me parecía buena gente y lo que yo necesitaba en Madrid eran amigos, mandé a un golfillo que por allí andaba por un litro de vino, litro del que no caté ni gota, ni cataron conmigo los que conmigo estaban porque la criatura, que debía saber más que Lepe,[3] cogió los cuartos y no le volvimos a ver el pelo. Como mi idea era obsequiarlos y como, a pesar de que se reían de la faena del muchacho, a mí mucho me interesaba hacer amistad con ellos, esperé a que amaneciera y, tan pronto como ocurrió, me acerqué con ellos hasta un cafetín donde pagué a cada uno un café con leche que sirvió para atraérmelos del todo de agradecidos que me quedaron.[4] Les hablé de alojamiento y uno de ellos—Ángel Estévez, de

---

[3] que debía saber más que Lepe   who must have been wiser than Solomon

[4] de agradecidos ... quedaron   because they were so grateful to me

nombre—se ofreció a albergarme en su casa y a darme de comer dos veces al día, todo por diez reales, precio que de momento no hubo de parecerme caro si no fuera que me salió, todos los días que en Madrid y en su casa estuve, incrementado con
5 otros diez diarios por lo menos, que el Estévez me ganaba por las noches con el juego de las siete y media,[5] al que tanto él como su mujer eran muy aficionados.

En Madrid no estuve muchos días, no llegaron a quince, y el tiempo que en él paré lo dediqué a divertirme lo más barato
10 que podía y a comprar algunas cosillas que necesitaba y que encontré a buen precio en la calle de Postas y en la Plaza Mayor; por las tardes, a eso de la caída del sol, me iba a gastar una peseta en un café cantante que había en la calle de la Aduana—el Edén Concert se llamaba—y ya en él me quedaba, viendo las ar-
15 tistas, hasta la hora de la cena, en que tiraba para la buhardilla del Estévez en la calle de la Ternera. Cuando llegaba, ya allí me lo encontraba [6] por regla general; la mujer sacaba el cocido, nos lo comíamos, y después nos liábamos a la baraja acompañados de dos vecinos que subían todas las noches, alrededor de la
20 camilla, con los pies bien metidos en las brasas, hasta la madrugada. A mí aquella vida me resultaba entretenida y si no fuera porque me había hecho el firme propósito de no volver al pueblo, en Madrid me hubiera quedado hasta agotar el último céntimo.

25 La casa de mi huésped parecía un palomar, subida como estaba en un tejado, pero como no la abrían ni por hacer un favor y el braserillo lo tenían encendido día y noche, no se estaba mal,[7] sentado a su alrededor con los pies debajo de las faldas de la mesa. La habitación que a mí me destinaron tenía inclinado
30 el cielo raso por la parte donde colocaron el jergón y en más de una ocasión, hasta que me acostumbré, hube de darme con la cabeza en una traviesa que salía y que yo nunca me percataba de que allí estaba. Después, y cuando me fuí haciendo al terreno, tomé cuenta de los entrantes y salientes [8] de la alcoba y hasta a

---

[5] **las siete y media**   *a card game*
[6] **me lo encontraba**   I found him
[7] **no se estaba mal**   one could be quite comfortable
[8] **cuando ... salientes**   when I was getting the lay of the land, I learned how to get in and out

ciegas ya hubiera sido capaz de meterme en la cama. Todo es según nos acostumbramos.

Su mujer, que según ella misma me dijo se llamaba Concepción Castillo López, era joven, menuda, con carilla de pícara [9]
que la hacía simpática, y presumida y pizpireta como es fama [5]
que son las madrileñas; me miraba con todo descaro, hablaba
conmigo de lo que fuese,[10] pero pronto me demostró—tan
pronto como yo me puse a tiro para que me lo demostrase—que
con ella no había nada que hacer, ni de ella nada que esperar.
Estaba enamorada de su marido y para ella no existía más hom-[10]
bre que él; fué una pena, porque era guapa y agradable como
pocas, a pesar de lo distinta que me parecía de las mujeres de
mi tierra, pero como nunca me diera pie absolutamente para
nada y, de otra parte, yo andaba como acobardado, se fué li-
brando y creciendo ante mi vista [11] hasta que llegó el día en que [15]
tan lejos la vi que ya ni se me ocurriera pensar siquiera en ella.
El marido era celoso como un sultán y poco debía fiarse de su
mujer porque no la dejaba ni asomarse a la escalera; me acuerdo
que un domingo por la tarde, que se le ocurrió a Estévez convi-
darme a dar un paseo por el Retiro con él y con su mujer, se pasó [20]
las horas haciéndola cargos sobre si miraba o si dejaba de mirar [12]
a éste o a aquél, cargos que su mujer aguantaba incluso con satisfacción y con un gesto de cariño en la faz que era lo que más me
desorientaba por ser lo que menos esperaba. En el Retiro anduvimos dando vueltas por el paseo de al lado del estanque y en [25]
una de ellas el Estévez se lió a discutir a gritos con otro que por
allí pasaba, y a tal velocidad y empleando unas palabras tan
rebuscadas que yo me quedé a [13] menos de la mitad de lo que dijeron; reñían porque, por lo visto, el otro había mirado para la
Concepción, pero lo que más extrañado me tiene todavía es [30]
cómo, con la sarta de insultos que se escupieron, no hicieran ni
siquiera ademán de llegar a las manos. Se mentaron a las ma-

[9] **con carilla de pícara**   with a mischievous little face
[10] **lo que fuese**   anything and everything
[11] **se fué ... vista**   she kept getting further out of reach and gained
my respect
[12] **haciéndola ... mirar**   charging her with looking at or with failing
to look at
[13] **yo me quedé a**   I understood

dres, se llamaron a grito pelado chulos y cornudos, se ofrecie-
ron comerse las asaduras, pero lo que es más curioso, ni se tocaron un pelo de la ropa.[14] Yo estaba asustado viendo tan poco
frecuentes costumbres, pero, como es natural, no metí baza, aun-
5 que andaba prevenido por si había de salir en defensa del
amigo. Cuando se aburrieron de decirse inconveniencias se
marcharon cada uno por donde había venido y allí no pasó
nada.

¡Así da gusto! Si los hombres del campo tuviéramos las
10 tragaderas de los de las poblaciones, los presidios estarían des-
habitados como islas ...

A eso de las dos semanas, y aun cuando de Madrid no supiera demasiado, que no es ésta ciudad para llegar a conocerla
al vuelo, decidí reanudar la marcha hacia donde había mar-
15 cado mi meta, preparé el poco equipaje que llevaba en una ma-
letilla que compré, saqué el billete del tren, y acompañado de
Estévez, que no me abandonó hasta el último momento, salí
para la estación—que era otra que por la que había llegado—y
emprendí el viaje a La Coruña, que, según me asesoraron, era un
20 sitio de cruce de los vapores que van a las Américas. El viaje hasta
el puerto fué algo más lento que el que hice desde el pueblo
hasta Madrid, por ser mayor la distancia, pero como pasó la noche por medio [15] y no era yo hombre a quien los movimientos y
el ruido del tren impidieran dormir, se me pasó más de prisa de
25 lo que creí y me anunciaban los vecinos, y a las pocas horas de
despertarme me encontré a la orilla de la mar, que fuera una de
las cosas que más me anonadaron en esta vida de grande y profunda que me pareció.

Cuando arreglé los primeros asuntillos me di perfecta
30 cuenta de mi candor al creer que las pesetas que traía en el bolso
habrían de bastarme para llegar a América. ¡Jamás hasta entonces se me había ocurrido pensar en lo caro que resultaba un
viaje por mar! Fuí a la Agencia, pregunté en una ventanilla, de
donde me mandaron a preguntar a otra, esperé en una cola que
35 duró, por lo bajo, tres horas, y cuando me acerqué hasta el empleado y quise empezar a inquirir sobre cuál destino me sería

14 **ni se tocaron ... ropa**   neither touched a hair of the other's head
15 **pasó ... medio**   the night passed between [departure and arrival]

más conveniente y cuánto dinero habría de costarme, él—sin soltar ni palabra—dió media vuelta para volver al punto con un papel en la mano.

—Itinerarios ... , tarifas ... Salida de La Coruña los días 5 y 20.

Yo intenté persuadirle de que lo que quería era hablar con él de mi viaje, pero fué inútil. Me cortó con una sequedad que me dejó desorientado.

—No insista.

Me marché con mi itinerario y mi tarifa y guardando en la memoria los días de las salidas. ¡Qué remedio! [16]

En la casa donde vivía, estaba también alojado un sargento de artillería que se ofreció a descifrarme lo que decían los papeles que me dieron en la Agencia, y en cuanto me habló del precio y de las condiciones del pago se me cayó el alma a los pies cuando calculé que no tenía ni para la mitad. El problema que se me presentaba no era pequeño y yo no le encontraba solución; el sargento, que se llamaba Adrián Nogueira, me animaba mucho—él también había estado allá—y me hablaba constantemente de La Habana y hasta de Nueva York. Yo—¿para qué ocultarlo?—lo escuchaba como embobado y con una envidia como a nadie se la tuve jamás, pero como veía que con su charla lo único que ganaba era alargarme los dientes, le rogué un día que no siguiera porque ya mi propósito de quedarme en el país estaba hecho; puso una cara de no entender como jamás la había visto, pero, como era hombre discreto y reservado como todos los gallegos, no volvió a hablarme del asunto ni una sola vez.

La cabeza la llegué a tener como molida de lo mucho que pensé en lo que había de hacer, y como cualquier solución que no fuera volver al pueblo me parecía aceptable, me agarré a todo lo que pasaba, cargué maletas en la estación y fardos en el muelle, ayudé a la labor de la cocina en el Hotel Ferrocarrilana, estuve de sereno una temporadita en la Fábrica de Tabacos, e hice de todo un poco hasta que terminé mi tiempo de puerto de mar viviendo en casa de la Apacha, en la calle del Papagayo, subiendo a la izquierda, donde serví un poco para todo, aunque mi principal trabajo se limitaba a poner de patitas en la calle

[16] **¡Qué remedio!**   What else could I do!

a aquellos a quienes se les notaba que no iban más que a alborotar.

Allí llegué a parar hasta año y medio, que unido al medio año que llevaba por el mundo y fuera de mi casa, hacía que me
5 acordase con mayor frecuencia de la que llegué a creer en lo que allí dejé; [17] al principio era sólo por las noches, cuando me metía en la cama que me armaban en la cocina, pero poco a poco se fué extendiendo el pensar horas y horas hasta que llegó el día en que la morriña—como decían en La Coruña—me llegó a
10 invadir de tal manera que tiempo me faltaba para verme de nuevo en la choza sobre la carretera. Pensaba que había de ser bien recibido por mi familia—el tiempo todo lo cura—y el deseo crecía en mí como crecen los hongos en la humedad. Pedí dinero prestado que me costó algún trabajo obtener, pero que, como
15 todo, encontré insistiendo un poco, y un buen día, después de despedirme de todos mis protectores, con la Apacha a la cabeza, emprendí el viaje de vuelta, el viaje que tan feliz término le señalaba si el diablo—cosa que yo entonces no sabía—no se hubiera empeñado en hacer de las suyas en mi casa y en mi mu-
20 jer durante mi ausencia. En realidad no deja de ser natural que mi mujer, joven y hermosa por entonces, notase demasiado, para lo poco instruída que era, la falta del marido, mi huída, mi mayor pecado, el que nunca debí cometer, y el que Dios quiso castigar quién sabe si hasta con crueldad ...

---

[17] **hacía ... dejé**   made me remember more frequently than I had believed possible what I had left there

[XV]

SIETE días desde mi retorno habían transcurrido, cuando mi mujer, que con tanto cariño, por lo menos por fuera, me había recibido, me interrumpió los sueños para decirme:

—Estoy pensando que te recibí muy fría.

—¡No, mujer! 5

—Es que no te esperaba, ¿sabes?, que no creí verte llegar ...

—Pero ahora te alegras, ¿no?

—Sí; ahora me alegro ...

Lola estaba como traspasada; se la notaba un gran cambio en todo lo suyo. 10

—¿Te acordaste siempre de mí?

—Siempre, ¿por qué crees que he vuelto?

Mi mujer volvía a estar otro rato silenciosa.

—Dos años es mucho tiempo ...

—Mucho. 15

—Y en dos años el mundo da muchas vueltas ...

—Dos; me lo dijo un marinero de La Coruña.

—¡No me hables de La Coruña!

—¿Por qué?

—Porque no. ¡Ojalá no existiese La Coruña! 20

Ahuecaba la voz para decirme esto, y su mirar era como un bosque de sombras.

—¡Muchas vueltas!

—¡Muchas!

—Y una piensa: en dos años que falta,[1] Dios se lo habrá 25 llevado.

—¿Qué más vas a decir?

—¡Nada!

Lola se echó a llorar amargamente. Con un hilo de voz me confesó: 30

[1] **en dos años que falta** in the two years that he's been missing

91

—Voy a tener otro hijo.

—¿Otro hijo?

—Sí.

Yo me quedé como asustado.

5 —¿De quién?

—¡No preguntes!

—¿Que no pregunte? ¡Yo quiero preguntar! ¡Soy tu marido!

Ella soltó la voz.

10 —¡Mi marido que me quiere matar! ¡Mi marido que me tiene dos años abandonada! ¡Mi marido que me huye como si fuera leprosa! Mi marido ...

—¡No sigas!

Sí; mejor era no seguir, me lo decía la conciencia. Mejor
15 era dejar que el tiempo pasara, que el niño naciera ... Los vecinos empezarían a hablar de las andanzas de mi mujer, me mirarían de reojo, se pondrían a cuchichear en voz baja al verme pasar ...

—¿Quieres que llame a la señora Engracia?

20 —Ya me ha visto.

—¿Qué dice?

—Que va bien la cosa.

—No es eso ... No es eso ...

—¿Qué querías?

25 —Nada ... que conviene que entre todos arreglemos la cosa.

Mi mujer puso un gesto suplicante.

—Pascual, ¿serías capaz?

—Sí, Lola; muy capaz. ¿Iba a ser el primero?

—Pascual; lo siento con más fuerza que ninguno; siento
30 que ha de vivir ...

—¡Para mi deshonra!

—O para tu dicha, ¿qué sabe la gente?

—¿La gente? ¡Vaya si lo sabrá! [2]

Lola sonreía, con una sonrisa de niño maltratado que hería
35 a la mirada.[3]

—¡Quién sabe si podremos hacer que no lo sepa!

---

2 **¡Vaya si lo sabrá!**   Of course they'll know!
3 **que hería a la mirada**   that hurt one to look at it

—¡Y todos lo sabrán!

No me sentía malo—bien lo sabe Dios, pero es que uno está atado a [4] la costumbre como el asno al ronzal ...

Si mi condición de hombre me hubiera permitido perdo-nar, hubiera perdonado, pero el mundo es como es y el querer 5 avanzar contra corriente no es sino un vano intento.

—¡Será mejor llamarla!

—¿A la señora Engracia?

—Sí.

—¡No, por Dios! ¿Otro aborto? ¿Estar siempre pariendo 10 por parir, criando estiércol?

Se arrojó contra el suelo hasta besarme los pies.

—¡Te doy mi vida entera si me la pides!

—Para nada la quiero.

—¡Mis ojos y mi sangre, por haberte ofendido!   15

—Tampoco.

—¡Mis pechos, mi madeja de pelo, mis dientes! ¡Te doy lo que tú quieras; pero no me lo quites, que es por lo que estoy viva!

Lo mejor era dejarla llorar largamente, hasta caer rendida, 20 con los nervios destrozados, pero ya más tranquila, como más razonable.

Mi madre, que la muy desgraciada debió ser la alcahueta de todo lo pasado, andaba como huída y no se presentaba ante mi vista. ¡Hiere mucho el calor de la verdad! Me hablaba las 25 menos palabras posibles, salía por una puerta cuando yo en-traba por la otra, me tenía—cosa que ni antes sucediera, ni después habría de volver a suceder—la comida preparada a las horas de ley [5]—da pena pensar que para andar en paz haya que usar del miedo—, y tal mansedumbre mostraba en todo su 30 ademán que hasta desconcertado conseguí llegarme a tener. Con ella nunca quise hablar de lo de Lola; era un pleito entre los dos, que nada más que entre los dos habría de resolverse.

Un día la llamé, a Lola, para decirla:

—Puedes estar tranquila.   35

---

[4] **atado a** Dound by
[5] **a las horas de ley** on time

—¿Por qué?

—¡Porque a la señora Engracia nadie la ha de llamar!

Lola se quedó un momento pensativa, como una garza.

—Eres muy bueno, Pascual.

5 —Sí; mejor de lo que tú crees.

—Y mejor de lo que yo soy.

—¡No hablemos de eso! ¿Con quién ... fué?

—¡No lo preguntes!

—Prefiero saberlo, Lola.

10 —Pero a mí me da miedo decírtelo ...

—¿Miedo?

—Sí; de que lo mates.

—¿Tanto lo quieres?

—No lo quiero.

15 —¿Entonces?

—Es que la sangre parece como el abono de tu vida ...[6]

Aquellas palabras se me quedaron grabadas en la cabeza
como con fuego, y como con fuego grabadas conmigo morirán.

—¿Y si te jurase que nada pasará?

20 —No te creería.

—¿Por qué?

—Porque no puede ser, Pascual, ¡eres muy hombre!

—Gracias a Dios; pero aún tengo palabra ...

Lola se echó en mis brazos.

25 —Daría años de mi vida para que nada hubiera pasado.

—Te creo.

—Y porque tú me perdonases ...

—Te perdono, Lola. Pero me vas a decir ...

—Sí.

30 Estaba pálida como nunca, desencajada; su cara daba
miedo, un miedo horrible de que la desgracia llegara con mi
retorno; le cogí la cabeza, la acaricié, le hablé con más cariño
que el que usara jamás el esposo más fiel; la mimé contra mi
hombro, comprensivo de lo mucho que sufría, como temeroso
35 de verla desfallecer a mi pregunta.

—¿Quién fué? ...

[6] **Es que ... vida** It's just that you seem to feed on blood

—¡El Estirao! ...

—¿El Estirao?

Lola no contestó.

Estaba muerta, con la cabeza caída sobre el pecho y el pelo sobre la cara ... Quedó un momento en equilibrio, sentada donde estaba, para caer al pronto contra el suelo de la cocina, todo de guijarros muy pisados.

[XVI]

Un nido de alacranes se revolvió en mi pecho, y en cada gota de sangre de mis venas una víbora me mordía la carne ...

Salí a buscar al asesino de mi mujer, al deshonrador de mi hermana, al hombre que más hiel llevó a mis pechos; me costó 5 trabajo encontrarlo de huído como andaba. El bribón tuvo noticias de mi llegada, puso tierra por medio,[1] y en cuatro meses no volvió a aparecer por Almendralejo; yo salí en su captura, fuí a casa de la Nieves, vi a la Rosario ... ¡Cómo había cambiado! Estaba aviejada, con la cara llena de arrugas prematu-10 ras, con las ojeras negras y el pelo lacio; daba pena mirarla, con lo hermosa que fuera ...

—¿Qué vienes a buscar?

—¡Vengo a buscar un hombre!

—Poco hombre es quien escapa del enemigo.

15 —Poco ...

—Y poco hombre es quien no aguarda una visita que se espera.

—Poco ... ¿Dónde está?

—No sé; ayer salió ...

20 —¿Para dónde salió?

—No lo sé.

—¿No lo sabes?

—No.

—¿Estás segura?

25 —Tan segura como que ahora es de día.

Parecía ser cierto lo que decía; la Rosario me demostró después su cariño cuando volvió a la casa, para cuidarme, dejando al *Estirao* ...

—¿Sabes si fué muy lejos?

30 —Nada me dijo.

---

1 tierra por medio distance between us

No hubo más solución que soterrar el genio; pagar con infelices [2] la furia que guardamos para los ruines, nunca fué cosa de hombres.

—¿Sabías lo que pasaba?

—Sí. 5

—¿Y tan callado lo tenías?

—¿A quién lo había de decir?

—No, a nadie ...

En realidad, verdad era que a nadie había tenido a quien decírselo; hay cosas que no a todos interesan, cosas que son 10 para llevarlas a cuestas uno solo, como una cruz de martirio, y callárselas a los demás. A la gente no se le puede decir todo lo que nos pasa, porque en la mayoría de los casos no nos sabrían ni entender.

La Rosario se vino conmigo. 15

—No quiero estar aquí ni un día más; estoy cansada.

Y volvió para casa, tímida y como sobrecogida, humilde y trabajadora como jamás la había visto; me cuidaba con un regalo que nunca llegué —y, ¡ay!, lo que es peor—, nunca llegaré a agradecérselo bastante. Me tenía siempre preparada una ca- 20 misa limpia, me administraba los cuartos con la mejor de las haciendas,[3] me guardaba la comida caliente si es que me retrasaba ... ¡Daba gusto vivir así! Los días pasaban suaves como plumas, las noches tranquilas como en un convento, y los pensamientos funestos—que en otro tiempo tanto me persiguie- 25 ran—parecían como querer remitir. ¡Qué lejanos me parecían los días azarosos de La Coruña! ¡Qué perdido en el recuerdo se me aparecía a veces el tiempo de las puñaladas! La memoria de Lola, que tan profunda brecha dejara en mi corazón, se iba cerrando y los tiempos pasados iban siendo, poco a poco, olvida- 30 dos, hasta que la mala estrella, esa mala estrella que parecía como empeñada en perseguirme, quiso resucitarlos para mi mal.[4]

---

[2] **pagar con infelices** to vent on the unfortunate

[3] **me administraba ... haciendas** she managed my money with the greatest economy

[4] **para mi mal** to my misfortune

Fué en la taberna de Martinete; me lo dijo el señorito Sebastián.

—¿Has visto al *Estirao?*

—No, ¿por qué?

5 —Nada; porque dicen que anda por el pueblo.

—¿Por el pueblo?

—Eso dicen.

—¡No me querrás engañar!

—¡Hombre, no te pongas así; como me lo dijeron te lo
10 digo! ¿Por qué te había de engañar?

Me faltó tiempo para ver lo que había de cierto en sus palabras. Salí corriendo para mi casa; iba como una centella, sin mirar ni dónde pisaba. Me encontré a mi madre en la puerta.

15 —¿Y la Rosario?

—Ahí dentro está.

—¿Sola?

—Sí, ¿por qué?

Ni contesté; pasé a la cocina y allí me la encontré, remo-
20 viendo el puchero.

—¿Y El Estirao?

La Rosario pareció como sobresaltarse; levantó la cabeza y con calma, por lo menos por fuera, me soltó:

—¿Por qué me lo preguntas?

25 —Porque está en el pueblo.

—¿En el pueblo?

—Eso me han dicho.

—Pues por aquí no ha arrimado.

—¿Estás segura?

30 —¡Te lo juro!

No hacía falta que me lo jurase; era verdad, aún no había llegado, aunque había de llegar al poco rato, jaque como un rey de espaldas, flamenco como un faraón.[5]

Se encontró con la puerta guardada por mi madre.

35 —¿Está Pascual?

—¿Para qué lo quieres?

—Para nada; para hablar de un asunto.

---

[5] **jaque ... faraón** bold as brass, proud as a peacock

—¿De un asunto?

—Sí; de un asunto que tenemos entre los dos.

—Pasa. Ahí lo tienes, en la cocina.

El Estirao entró sin descubrirse, silbando una copla.

—¡Hola, Pascual!   5

—¡Hola, Paco! Descúbrete, que estás en una casa.

El Estirao se descubrió.

—¡Si tú lo quieres!

Quería aparentar calma y serenidad, pero no acababa de [6]
conseguirlo; se le notaba nerviosillo y como azarado.   10

—¡Hola, Rosario!

—¡Hola, Paco!

Mi hermana le sonrió con una sonrisa cobarde que me
repugnó; el hombre también sonreía, pero su boca al sonreír
parecía como si hubiera perdido la color.   15

—¿Sabes a lo que vengo?

—Tú dirás. [7]

—¡A llevarme a la Rosario!

—Ya me lo figuraba. *Estirao*, a la Rosario no te la llevas tú.

—¿Que no me la llevo?   20

—No.

—¿Quién lo habrá de impedir?

—Yo.

—¿Tú?

—Sí, yo, ¿o es que te parezco poca cosa?   25

—No mucha ...

En aquel momento estaba frío como un lagarto y bien pude
medir todo el alcance de mis actos. Me tenté la ropa, medí las
distancias y, sin dejarle seguir con la palabra para que no pasase
lo de la vez anterior, le di tan fuerte golpe con una banqueta en   30
medio de la cara que lo tiré de espaldas y como muerto contra
la campana de la chimenea. Trató de incorporarse, desenvainó
el cuchillo, y en su faz se veían unos fuegos que espantaban;
tenía los huesos de la espalda quebrados y no podía moverse.
Lo cogí, lo puse orilla de la carretera, y le dejé.   35

—*Estirao*, has matado a mi mujer ...

6 **no acababa de** he didn't succeed in
7 **Tú dirás** Tell me

—¡Que era una zorra!

—Que sería lo que fuese, pero que tú la has matado; has deshonrado a mi hermana ...

—¡Bien deshonrada estaba cuando yo la cogí!

5   —¡Deshonrada estaría, pero tú la has hundido! ¿Quieres callarte ya? Me has buscado las vueltas [8] hasta que me encontraste; yo no he querido herirte, yo no quise quebrarte el costillar ...

—¡Que sanará algún día, y ese día! ...

10   —¿Ese día, qué?

—¡Te pegaré dos tiros como a un perro rabioso!

—¡Repara en que te tengo a mi voluntad!

—¡No sabrás tú matarme!

—¿Que no sabré matarte?

15   —No.

—¿Por qué lo dices? ¡Muy seguro te sientes!

—¡Porque aún no nació el hombre!

Estaba bravo el mozo.

—¿Te quieres marchar ya?

20   —¡Ya me iré cuando quiera!

—¡Que va a ser ahora mismo!

—¡Devuélveme a la Rosario!

—¡No quiero!

—¡Devuélvemela, que te mato!

25   —¡Menos matar! ¡Ya vas bien con lo que llevas! [9]

—¿No me la quieres dar?

—¡No!

El Estirao, haciendo un esfuerzo supremo, intentó echarme a un lado.

30   Lo sujeté del cuello y lo hundí contra el suelo.

—¡Échate fuera! [10]

—¡No quiero!

Forcejeamos, lo derribé, y con una rodilla en el pecho le hice la confesión:

---

[8] **Me has buscado las vueltas**   You've dogged my footsteps
[9] **¡Menos ... llevas!**   Let's have less talk about killing! You've done enough already!
[10] **¡Échate fuera!**   Get out!

—No te mato porque se lo prometí ...

—¿A quién?

—A Lola.

—¿Entonces, me quería?

Era demasiada chulería. Pisé un poco más fuerte .... La [5] carne del pecho hacía el mismo ruido que si estuviera en el asador ... Empezó a arrojar sangre por la boca. Cuando me levanté, se le fué la cabeza—sin fuerza—para un lado ...

[XVII]

Tres años me tuvieron encerrado, tres años lentos, largos como la amargura, que si al principio creí que nunca pasarían, después pensé que habían sido un sueño; tres años trabajando, día a día, en el taller de zapatero del Penal; tomando, en los re-
5 creos,[1] el sol en el patio, ese sol que tanto agradecía; viendo pasar las horas con el alma anhelante, las horas cuya cuenta— para mi mal—suspendió antes de tiempo[2] mi buen comportamiento ...

Da pena pensar que las pocas veces que en esta vida se me
10 ocurrió no portarme demasiado mal, esa fatalidad, esa mala estrella que, como ya más atrás le dije, parece como complacerse en acompañarme, torció y dispuso las cosas de forma tal que la bondad no acabó para servir a mi alma para maldita la cosa.[3] Peor aún: no sólo para nada sirvió, sino que a fuerza de
15 desviarse y de degenerar siempre a algún mal peor me hubo de conducir. Si me hubiera portado mal, hubiera estado en Chinchilla los veintiocho años que me salieron;[4] me hubiera podrido vivo como todos los presos, me hubiera aburrido hasta enloquecer, hubiera desesperado, hubiera maldecido de todo lo
20 divino, me hubiera acabado por envenenar del todo, pero allí estaría, purgando lo cometido, libre de nuevos delitos de sangre, preso y cautivo—bien es verdad—, pero con la cabeza tan segura sobre mis hombros como al nacer, libre de toda culpa, si no es el pecado original; si me hubiera portado ni fu ni fa, como
25 todos sobre poco más o menos,[5] los veintiocho años se hubieran convertido en catorce o dieciséis, mi madre se hubiera muerto

---

1 **recreos = períodos de recreo** recreation periods
2 **cuya cuenta ... tiempo** whose number was—unfortunately for me— cut short because of
3 **para maldita la cosa** a darned bit
4 **me salieron** fell to my lot (i.e., when I was sentenced)
5 **como todos ... menos** like almost everyone else

de muerte natural para cuando [6] yo consiguiese la libertad, mi
hermana Rosario habría perdido ya su juventud, con su juventud su belleza, y con su belleza su peligro, y yo—este pobre
yo, este desgraciado derrotado que tan poca compasión en usted y en la sociedad es capaz de provocar—hubiera salido manso 5
como una oveja, suave como una manta, y alejado probablemente del peligro de una nueva caída. A estas horas estaría
quién sabe si viviendo, tranquilo, en cualquier lugar, dedicado
a algún trabajo que me diera para comer, tratando de olvidar
lo pasado para no mirar más que para lo por venir; [7] a lo mejor 10
lo habría conseguido ya ... Pero me porté lo mejor que pude,
puse buena cara al mal tiempo,[8] cumplí excediéndome lo que
se me ordenaba, logré enternecer a la justicia, conseguí los
buenos informes del Director ... y me soltaron; me abrieron las
puertas, me dejaron indefenso ante todo lo malo; me dijeron: 15

—Has cumplido, Pascual; vuelve a la lucha, vuelve a la
vida, vuelve a aguantar a todos, a hablar con todos, a rozarte
otra vez con todos ...

Y creyendo que me hacían un favor me hundieron para
siempre. 20

Estas filosofías no se me habían ocurrido de la primera vez
que este capítulo—y los dos que siguen—escribí; pero me los
robaron (todavía no me he explicado por qué me los quisieron
quitar), aunque a usted le parezca tan extraño que no me lo
crea, y entristecido por un lado con esta maldad sin justifica- 25
ción que tanto dolor me causa, y ahogado en la repetición, por
la otra banda, que me fuerza el recuerdo y me decanta las ideas,
a la pluma me vinieron y, como no considero penitencia el
contrariarme las voluntades, que bastantes penitencias para
flaqueza de mi espíritu, ya que no para mis muchas culpas, 30
tengo con lo que tengo,[9] ahí las dejo, frescas como me salieron,
para que usted las considere como le venga en gana.[10]

---

[6] **para cuando** by the time that
[7] **lo por venir** the future
[8] **puse ... tiempo** I faced bad times with a smile
[9] **que bastantes ... tengo** for I have enough penance with what I
have, considering the weakness of my spirit, if not considering my many
faults
[10] **como le venga en gana** as you choose

Cuando salí encontré al campo más triste, mucho más triste, de lo que me había figurado. En los pensamientos que me daban cuando estaba preso, me lo imaginaba—vaya usted a saber por qué [11]—verde y lozano como las praderas, fértil y hermoso
5 como los campos de trigo, con los campesinos dedicados afanosamente a su labor, trabajando alegres de sol a sol, cantando, con la bota de vino a la vera y la cabeza vacía de malas ocurrencias, para encontrarlo a la salida yermo y agostado como los cementerios, deshabitado y solo como una ermita lugareña al
10 siguiente día de la Patrona ...[12] Chinchilla es un pueblo ruin, como todos los manchegos, agobiado como por una honda pena, gris y macilento como todos los poblados donde la gente no asoma los hocicos al tiempo,[13] y en ella no estuve sino el tiempo justo que necesité para tomar el tren que me había de devol-
15 ver al pueblo, a mi casa, a mi familia; al pueblo que volvería a encontrar otra vez en el mismo sitio, a mi casa que resplandecía al sol como una joya, a mi familia que me esperaría para más lejos,[14] que no se imaginaría que pronto habría de estar con ellos, a mi madre que en tres años a lo mejor Dios había que-
20 rido suavizar, a mi hermana, a mi querida hermana, a mi santa hermana, que saltaría de gozo al verme ...

El tren tardó en llegar, tardó muchas horas. Extrañado estoy de que un hombre que tenía en el cuerpo tantas horas de espera notase con impaciencia tal un retraso de hora más, hora
25 menos, pero lo cierto es que así ocurría, que me impacientaba, que me descomponía el aguardar como si algún importante negocio me comiese los tiempos. Anduve por la estación, fuí a la cantina, paseé por un campo que había contiguo ... Nada; el tren no llegaba, el tren no asomaba todavía, lejano como aún
30 andaba por el retraso. Me acordaba del Penal, que se veía allá lejos, por detrás del edificio de la estación; parecía desierto, pero estaba lleno hasta los bordes, guardador de un montón de des-

---

11 **vaya ... por qué**   heaven knows why
12 **una ermita ... Patrona**   On the day of the patron saint of a village the people make an excursion to the shrine, which is usually on the outskirts of the town, to honor the saint and have a celebration.
13 **al tiempo**   outside
14 **me esperaría para más lejos**   wouldn't be expecting me for a long time

graciados con cuyas vidas se podían llenar tantos cientos de páginas como ellos eran. Me acordaba del Director, de la última vez que le vi; era un viejecito calvo, con un bigote cano, y unos ojos azules como el cielo; se llamaba don Conrado. Yo le quería como a un padre, le estaba agradecido de las muchas pala- 5 bras de consuelo que—en tantas ocasiones—para mí tuviera. La última vez que le vi fué en su despacho, adonde me mandó llamar.

—¿Da su permiso, don Conrado?

—Pasa, hijo. 10

Su voz estaba ya cascada por los años y por los achaques, y cuando nos llamaba hijos parecía como si se le enterneciera más todavía, como si le temblara al pasar por los labios. Me mandó sentar al otro lado de la mesa; me alargó la tabaquera, grande, de piel de cabra; sacó un librito de papel de fumar que me 15 ofreció también ...

—¿Un pitillo?

—Gracias, don Conrado.

Don Conrado se rió.

—Para hablar contigo lo mejor es mucho humo ... ¡Así se 20 te ve menos esa cara tan fea que tienes!

Soltó la carcajada, una carcajada que al final se mezcló con un golpe de tos, con un golpe de tos que le duró hasta sofocarlo, hasta dejarlo abotagado y rojo como un tomate. Echó mano de un cajón y sacó dos copas y una botella de coñac. Yo me so- 25 bresalté; siempre me había tratado bien—cierto es ..., pero nunca como aquel día.

—¿Qué pasa, don Conrado?

—Nada, hijo, nada ... ¡Anda, bebe ... por tu libertad!

Volvió a acometerle la tos. Yo iba a preguntar: 30

—¿Por mi libertad?

Pero él me hacía señas con la mano para que no dijese nada. Esta vez pasó al revés; fué en risa en lo que acabó la tos.

—Sí. ¡Todos los pillos tenéis suerte!

Y se reía, gozoso de poder darme la noticia, contento de po- 35 der ponerme de patas en la calle.[15] ¡Pobre don Conrado, qué

---

[15] **ponerme de patas en la calle**   to throw me out

bueno era! ¡Si él supiera que lo mejor que podría pasarme era no salir de allí! ... Cuando volví a Chinchilla, a aquella casa, me lo confesó con lágrimas en los ojos, en aquellos ojos que eran sólo un poco más azules que las lágrimas.

5   —¡Bueno, ahora en serio! Lee ...

Me puso ante la vista la orden de libertad. Yo no creía lo que estaba viendo.

—¿Lo has leído?

—Sí, señor.

10   Abrió una carpeta y sacó dos papeles iguales, el licenciamiento.

—Toma, para ti; con eso puedes andar por donde quieras ... Firma aquí; sin echar borrones ...

Doblé el papel, lo metí en la cartera ... ¡Estaba libre! Lo 15 que pasó por mí en aquel momento ni lo sabría explicar ... Don Conrado se puso grave; me soltó un sermón sobre la honradez y las buenas costumbres, me dió cuatro consejos sobre los impulsos que si hubiera tenido presentes [16] me hubieran ahorrado más de un disgusto gordo, y cuando terminó, y como fin de 20 fiesta, me entregó veinticinco pesetas en nombre de la «Junta de Damas Regeneradoras de los Presos»,[17] institución benéfica que estaba formada en Madrid para acudir en nuestro auxilio.

Tocó un timbre y vino un oficial de prisiones. Don Conrado me alargó la mano.

25   —Adiós, hijo. ¡Que Dios te guarde!

Yo no cabía en mí de gozo. Se volvió hacia el oficial.

—Muñoz, acompañe a este señor hasta la puerta. Llévelo antes a Administración; va socorrido con ocho días.[18]

A Muñoz no lo volví a ver en los días de mi vida. A don Con-30 rado, sí; tres años y medio más tarde.

El tren acabó por llegar; tarde o temprano todo llega en esta vida, menos el perdón de los ofendidos, que a veces parece como que disfruta en alejarse. Monté en mi departamento y después de andar dando tumbos de un lado para otro durante día y medio, 35 di alcance a la estación del pueblo, que tan conocida me era, y en

[16] **si hubiera tenido presentes** if I had kept them in mind
[17] **Junta ... Presos** Ladies' Society for the Rehabilitation of Prisoners
[18] **va socorrido con ocho días** he has a week's compensation due him

cuya vista había estado pensando durante todo el viaje. Nadie, absolutamente nadie, si no es Dios que está en las Alturas, sabía que yo llegaba, y sin embargo—no sé por qué rara manía de las ideas—momento llegó a haber en que imaginaba el andén lleno de gentes jubilosas que me recibían con los brazos al aire, 5 agitando pañuelos, voceando mi nombre a los cuatro vientos ...

... Cuando llegué, un frío agudo como una daga se me clavó en el corazón. En la estación no había nadie ... Era de noche; el jefe, el señor Gregorio, con su farol de mecha que tenía un lado verde y el otro rojo, y su banderola enfundada en su caperuza de lata, 10 acababa de dar salida al tren ...[19]

Ahora se volvería hacia mí, me reconocería, me felicitaría ...

—¡Caramba, Pascual! ¡Y tú por aquí!

—Sí, señor Gregorio. ¡Libre!

—¡Vaya, vaya! [20] 15

Y se dió media vuelta sin hacerme más caso. Se metió en su caseta. Yo quise gritarle:

—¡Libre, señor Gregorio! ¡Estoy libre!

Porque pensé que no se había dado cuenta. Pero me quedé un momento parado y desistí de hacerlo ... La sangre se me 20 agolpó a los oídos y las lágrimas estuvieron a pique de aparecerme en ambos ojos. Al señor Gregorio no le importaba nada mi libertad.

Salí de la estación con el fardo del equipaje al hombro, torcí por una senda que desde ella llevaba hasta la carretera donde 25 estaba mi casa, sin necesidad de pasar por el pueblo, y empecé a caminar. Iba triste, muy triste; toda mi alegría la matara [21] el señor Gregorio con sus tristes palabras, y un torrente de funestas ideas, de presagios desgraciados, que en vano yo trataba de ahuyentar, me atosigaban la memoria. La noche estaba clara, sin 30 una nube, y la luna, como una hostia, allí estaba clavada, en el medio del cielo. No quería pensar en el frío que me invadía ...

Un poco más adelante, a la derecha del sendero, hacia la mitad del camino, estaba el cementerio, en el mismo sitio donde

---

[19] **su banderola ... tren** his signal flag stuck in its tin case, had just signaled the train to move on

[20] **¡Vaya, vaya!** Well, well!

[21] **matara** = había matado

lo dejé, con la misma tapia de adobes negruzcos, con su alto
ciprés que en nada había mudado, con su lechuza silbadora entre
las ramas ... El cementerio donde descansaba mi padre de su
furia; Mario, de su inocencia; mi mujer, su abandono, y *El*
5 *Estirao,* su mucha chulería ... El cementerio donde se pudrían
los restos de mis dos hijos, del abortado y de Pascualillo, que en
los once meses de vida que alcanzó fuera [22] talmente un sol ...
¡Me daba resquemor llegar al pueblo, así, solo, de noche, y pasar
lo primero por junto al camposanto! ¡Parecía como si la Provi-
10 dencia se complaciera en ponérmelo delante, en hacerlo de propósito para forzarme a caer en la meditación de lo poco que
somos! La sombra de mi cuerpo iba siempre delante, larga, muy
larga, tan larga como un fantasma, muy pegada al suelo, siguiendo el terreno, ora tirando recta por el camino, ora subiéndose
15 a la tapia del cementerio, como queriendo asomarse. Corrí un
poco; la sombra corrió también. Me paré; la sombra también
paró. Miré para el firmamento; no había una sola nube en todo
su redor. La sombra había de acompañarme, paso a paso, hasta
llegar ... Cogí miedo, un miedo inexplicable; me imaginé a los
20 muertos saliendo en esqueleto a mirarme pasar. No me atrevía a
levantar la cabeza; apreté el paso; el cuerpo parecía que no me
pesaba; el cajón tampoco ... En aquel momento parecía como si
tuviera más fuerza que nunca ... Llegó el instante en que llegué
a estar al galope como un perro huído; corría, corría como un
25 loco, como desbocado, como un poseído. Cuando llegué a mi casa
estaba rendido; no hubiera podido dar un paso más ...

Puse el bulto en el suelo y me senté sobre él. No se oía
ningún ruido; Rosario y mi madre estarían, a buen seguro, durmiendo, ajenas del todo a que ya había llegado, a que yo estaba
30 libre, a pocos pasos de ellas. ¡Quién sabe si mi hermana no
habría rezado una Salve—la oración que más le gustaba—en el
momento de meterse en la cama, porque a mí me soltasen!
¡Quién sabe si a aquellas horas no estaría soñando, entristecida,
con mi desgracia, imaginándome tumbado sobre las tablas de la
35 celda, con la memoria puesta en ella que fué el único afecto
sincero que en mi vida tuve! Estaría a lo mejor sobresaltada,
presa de una pesadilla ... Y yo estaba allí, estaba ya allí, libre,

22 fuera = había sido

sano como una manzana, listo para volver a empezar, para consolarla, para mimarla, para recibir su sonrisa ...

No sabía lo que hacer; pensé llamar ... Se asustarían; nadie llama a estas horas. A lo mejor ni se atrevían [23] a abrir ... Pero tampoco podía seguir allí, tampoco era posible esperar al día 5 sobre el cajón ...

Por la carretera venían dos hombres conversando en voz alta; iban distraídos, como contentos; venían de Almendralejo, quién sabe si de ver a las novias. Pronto los reconocí: eran León, el hermano de Martinete, y el señorito Sebastián. Yo me es- 10 condí; no sé por qué, pero su vista me apresuraba.

Pasaron muy cerca de la casa, muy cerca de mí; su conversación era bien clara.

—Ya ves lo que a Pascual le pasó.

—Y no hizo más que lo que hubiéramos hecho cualquiera. 15

—Defender a la mujer.

—Claro.

—Y está en Chinchilla, a más de un día de tren, ya va para tres años ...[24]

Sentía una profunda alegría; me pasó como un rayo por la 20 imaginación la idea de salir, de presentarme ante ellos, de darles un abrazo ... Pero preferí no hacerlo; en la cárcel me hicieron más calmoso, me quitaron impulsos ...

Esperé a que se alejaran. Cuando calculé verlos ya suficientemente lejos, salí de la cuneta y fuí a la puerta. Allí estaba el 25 cajón; no lo habían visto. Si lo hubieran visto se hubieran acercado, y yo hubiera tenido que salir a explicarles, y se hubieran creído que me ocultaba, que los huía ...

No quise pensarlo más; me acerqué hasta la puerta y di dos golpes sobre ella. Nadie me respondió; esperé unos minutos. 30 Nada. Volví a golpearla, esta vez con más fuerzas. En el interior se encendió un candil.

—¡Quién!

—¡Soy yo!

—¿Quién? 35

---

[23] atrevían = atreverían
[24] **ya va para tres años**   going on three years now

Era la voz de mi madre. Sentí alegría al oírla, para qué mentir.

—Yo, Pascual.

—¿Pascual?

5   —Sí, madre. ¡Pascual!

Abrió la puerta; a la luz del candil parecía una bruja.

—¿Qué quieres?

—¿Que qué quiero?

—Sí.

10   —Entrar. ¿Qué voy a querer?

Estaba extraña. ¿Por qué me trataría así?

—¿Qué le pasa a usted, madre?

—Nada, ¿por qué?

—No, ¡como la veía como parada!

15   Estoy por asegurar que mi madre hubiera preferido no verme. Los odios de otros tiempos parecían como querer volver a hacer presa en mí. Yo trataba de ahuyentarlos, de echarlos a un lado.

—¿Y la Rosario?

20   —Se fué.

—¿Se fué?

—Sí.

—¿A dónde?

—A Almendralejo.

25   —¿Otra vez?

—Otra vez.

—¿Liada?

—Sí.

—¿Con quién?

30   —¿A ti qué más te da? [25]

Parecía como si el mundo quisiera caerme sobre la cabeza. No veía claro; pensé si no estaría soñando. Estuvimos los dos un corto rato callados.

—¿Y por qué se fué?

35   —¡Ya ves! [26]

—¿No quería esperarme?

[25] ¿A ti qué más te da?   What's it to you?
[26] ¡Ya ves!   You know how things are!

—No sabía que habías de venir. Estaba siempre hablando de ti ...

¡Pobre Rosario, qué vida de desgracia llevaba con lo buena que era!

—¿Os faltó de comer? 5

—A veces.

—¿Y se marchó por eso?

—¡Quién sabe!

Volvimos a callar.

—¿La ves? 10

—Sí; viene con frecuencia ... ¡Como él está también aquí!

—¿Él?

—Sí.

—¿Quién es?

—El señorito Sebastián. 15

Creí morir ... Hubiera dado dinero por haberme visto todavía en el Penal ...

[XVIII]

La Rosario fué a verme en cuanto se enteró de mi vuelta.

—Ayer supe que habías vuelto. ¡No sabes lo que me alegré! ¡Cómo me gustaba oír sus palabras! ...

—Sí lo sé, Rosario; me lo figuro. ¡Yo también estaba de
5 seando volverte a ver!

Parecía como si estuviéramos de cumplido,[1] como si nos hubiéramos conocido diez minutos atrás. Los dos hacíamos esfuerzos para que la cosa saliera natural. Yo pregunté, por preguntar algo, al cabo de un rato:

10 —¿Cómo fué de marcharte otra vez?[2]

—Ya ves.[3]

—¿Tan apurada andabas?

—Bastante.

—¿Y no pudiste esperar?

15 —No quise ...

Puso bronca la voz.

—No me dió la gana de pasar más calamidades ...

Me lo explicaba; la pobre bastante había pasado ya ...

—No hablemos de eso, Pascual.

20 La Rosario se sonreía con su sonrisa de siempre, esa sonrisa triste y como abatida que tienen todos los desgraciados de buen fondo.

—Pasemos a otra cosa ... ¿Sabes que te tengo buscada una novia?

25 —¿A mí?

—Sí.

—¿Una novia?

—Sí, hombre. ¿Por qué? ¿Te extraña?

---

[1] **estuviéramos de cumplido**   we were on formal terms
[2] **¿Cómo fué ... vez?**   Why did you leave again?
[3] **Ya ves**   You know how things are

—No ... Me parece raro. ¿Quién me ha de querer a mí?

—Pues cualquiera. ¿O es que no te quiero yo?

La confesión de cariño de mi hermana, aunque ya la sabía, me agradaba; su preocupación por buscarme novia, también. ¡Mire usted que es ocurrencia!   5

—¿Y quién es?

—La sobrina de la señora Engracia.

—¿La Esperanza?

—Sí.

—¡Guapa moza!   10

—Que te quiere desde antes de que te casases.

—¡Bien callado se lo tenía!

—Qué quieres ... ¡Cada una es como es!

—¿Y tú qué le has dicho?

—Nada; que alguna vez habrías de volver.   15

—Y he vuelto ...

—¡Gracias a Dios!

La novia que la Rosario me tenía preparada, en verdad que era una hermosa mujer. No era del tipo de Lola, sino más bien al contrario, algo así como un término medio entre ella y la   20
mujer de Estévez, incluso algo parecida en el tipo—fijándose bien [4]—al de mi hermana. Andaría por entonces por los treinta o treinta y dos años, que poco o nada se la notaban de joven y conservada como aparecía. Era muy religiosa y como dada a la mística, cosa rara por aquellas tierras, y se dejaba llevar de la   25
vida,[5] como los gitanos, sólo con el pensamiento puesto en aquello que siempre decía:

—¿Para qué variar? [6] ¡Está escrito!

Vivía en el cerro con su tía, la señora Engracia, hermanastra de su difunto padre, por haber quedado huérfana de ambas   30
partes aún muy tierna, y como era de natural consentidor y algo tímida, jamás nadie pudiera decir que con nadie la hubiera visto u oído discutir, y mucho menos con su tía, a la que tenía un gran respeto. Era aseada como pocas, tenía la misma color de las

---

[4] **fijándose bien**   if you looked closely
[5] **se dejaba ... vida**   she let life take its course
[6] **¿Para qué variar?**   Why try to change things?

manzanas y cuando, al poco tiempo de entonces, llegó a ser mi
mujer—mi segunda mujer—, tal orden hubo de implantar en
mi casa que en multitud de detalles nadie la hubiera reconocido.

La primera vez, entonces, que me la eché a la cara,[7] la cosa
5 no dejó de ser violenta para los dos; los dos sabíamos lo que nos
íbamos a decir, los dos nos mirábamos a hurtadillas como para
espiar los movimientos del otro ... Estábamos solos, pero era
igual; [8] solos llevábamos una hora y cada instante que pasaba
parecía como si fuera a costar más trabajo el empezar a hablar.
10 Fué ella quien rompió el fuego:

—Vienes más gordo.

—Puede ...[9]

—Y de semblante más claro.[10]

—Eso dicen ...

15 Yo hacía esfuerzos en mi interior por mostrarme amable y
decidor, pero no lo conseguía; estaba como entontecido, como
aplastado por un peso que me ahogaba, pero del que guardo
recuerdo como de una de las impresiones más agradables de mi
vida, como de una de las impresiones que más pena me causó el
20 perder.

—¿Cómo es aquel terreno?

—Malo.

Ella estaba como pensativa ... ¡Quién sabe lo que pensaría!

—¿Te acordaste mucho de la Lola?

25 —A veces. ¿Por qué mentir? Como estaba todo el día pensando, me acordaba de todos ... ¡Hasta del *Estirao,* ya ves!

La Esperanza estaba levemente pálida.

—Me alegro mucho de que hayas vuelto.

—Sí, Esperanza, yo también me alegro de que me hayas
30 esperado.

—¿De que te haya esperado?

—Sí; ¿o es que no me esperabas?

—¿Quién te lo dijo?

—¡Ya ves! ¡Todo se sabe!

---

7 **me la eché a la cara**   I met her face to face
8 **era igual**   it didn't matter
9 **Puede = Puede ser**
10 **Y de semblante más claro**   And you're looking better

Le temblaba la voz y su temblor no faltó nada para que me lo contagiase.

—¿Fué la Rosario?

—Sí. ¿Qué ves de malo?

—Nada ...   5

Las lágrimas le asomaron a los ojos.

—¿Qué habrás pensado de mí?

—¿Qué querías que pensase? ¡Nada!

Me acerqué lentamente y la besé en las manos. Ella se dejaba besar.   10

—Estoy tan libre como tú, Esperanza.

• • • • •• ••• ••• ••• ••• ••• ••• ••• ••• •••

—Tan libre como cuando tenía veinte años.

Esperanza me miraba tímidamente.

—No soy un viejo; tengo que pensar en vivir.   15

—Sí.

—En arreglar mi trabajo, mi casa, mi vida ... ¿De verdad que me esperabas?

—Sí.

—¿Y por qué no me lo dices?   20

—Ya te lo dije.

Era verdad; ya me lo había dicho, pero yo gozaba en hacérselo repetir.

—Dímelo otra vez.

La Esperanza se había vuelto roja como un pimiento. La 25
voz le salía como cortada y los labios y las aletas de la nariz le temblaban como las hojas movidas por la brisa, como el plumón del jilguero que se esponja al sol ...

—Te esperaba, Pascual. Todos los días rezaba porque volvieras pronto; Dios me escuchó ...   30

—Es cierto.

Volví a besarle las manos. Estaba como apagado ... No me atrevía a besarla en la cara ...

—¿Querrás ... querrás ...?

—Sí.   35

—¿Sabías lo que iba a decir?

—Sí. No sigas.

Se volvió radiante de repente como un amanecer.

—Bésame, Pascual ...

Cambió de voz, que se puso velada y como sórdida.

—¡Bastante te esperé!

La besé ardientemente, intensamente, con un cariño y con
5 un respeto como jamás usé con mujer alguna, y tan largo, tan
largo, que cuando le aparté la boca el cariño más fiel había
aparecido en mí.

[XIX]

Llevábamos ya dos meses casados cuando me fué dado el observar que mi madre seguía usando de las mismas mañas y de iguales malas artes que antes de que me tuvieran encerrado. Me quemaba la sangre con su ademán, siempre huraño y como despegado, con su conversación hiriente y siempre intencionada, 5 con el tonillo de voz que usaba para hablarme, en falsete y tan fingido como toda ella. A mi mujer, aunque transigía con ella, ¡qué remedio le quedaba!, no la podía ver ni en pintura, y tan poco disimulaba su malquerer que la Esperanza, un día que estaba ya demasiado cargada,[1] me planteó la cuestión en unas 10 formas que pude ver que no otro arreglo sino el poner la tierra por en medio podría llegar a tener. La tierra por en medio se dice cuando dos se separan a dos pueblos distantes, pero, bien mirado, también se podría decir cuando entre el terreno en donde uno pisa y el otro duerme hay veinte pies de altura ... 15

Muchas vueltas me dió en la cabeza la idea de la emigración; pensaba en La Coruña, o en Madrid, o bien más cerca, hacia la capital,[2] pero el caso es que—¡quién sabe si por cobardía, por falta de decisión!—la cosa la fuí aplazando, aplazando, hasta que cuando me lancé a viajar, con nadie que no fuese con mis 20 mismas carnes, o con mi mismo recuerdo, hubiera querido poner la tierra por en medio ...[3] La tierra que no fué bastante grande para huir de mi culpa ... La tierra que no tuvo largura ni anchura suficiente para hacerse la muda ante el clamor de mi propia conciencia ... Quería poner tierra entre mi sombra y yo, 25 entre mi nombre y mi recuerdo y yo, entre mis mismos cueros y mí mismo, este mí mismo del que, de quitarle la sombra y el recuerdo, los nombres y los cueros, tan poco quedaría ...

[1] que estaba ya demasiado cargada   when she had had enough
[2] la capital = Badajoz
[3] me lancé ... medio   I rushed off, the only person I would have liked to get away from was myself, or from my own memory

117

Hay ocasiones en las que más vale borrarse como un
muerto, desaparecer de repente como tragado por la tierra,
deshilarse en el aire como el copo de humo ...⁴ Ocasiones que
no se consiguen, pero que de conseguirse nos transformarían
5 en ángeles, evitarían el que siguiéramos enfangados en el crimen y el pecado, nos liberarían de este lastre de carne conta-
minada del que, se lo aseguro, no volveríamos a acordarnos
para nada ⁵—tal horror le tomamos—de no ser que constantemente alguien se encarga de que no nos olvidemos de él, al-
10 guien se preocupa de aventar sus escorias para herirnos los
olfatos del alma ... ¡Nada hiede tanto ni tan mal como la lepra
que lo malo pasado deja por la conciencia, como el dolor de no
salir del mal pudriéndonos ese osario de esperanzas muertas, al
poco de nacer, que—¡desde hace tanto tiempo ya!—nuestra
15 triste vida es! ...

La idea de la muerte llega siempre con paso de lobo, con
andares de culebra, como todas las peores imaginaciones. Nunca
de repente llegan las ideas que nos trastornan; lo repentino
ahoga unos momentos, pero nos deja, al marchar, largos años
20 de vida por delante. Los pensamientos que nos enloquecen con
la peor de las locuras, la de la tristeza, siempre llegan poco a
poco y como sin sentir, como sin sentir invade la niebla los
campos, o la tisis los pechos ... Avanza, fatal, incansable, pero
lenta, despaciosa, regular como el pulso. Hoy no la notamos; a
25 lo mejor mañana tampoco, ni pasado mañana, ni en un mes
entero. Pero pasa ese mes y empezamos a sentir amarga la comida, como doloroso el recordar; ya estamos picados. Al correr
de los días y las noches nos vamos volviendo huraños, solitarios;
en nuestra cabeza se cuecen las ideas, las ideas que han de oca-
30 sionar el que nos corten la cabeza donde se cocieron, quién sabe
si para que no siga trabajando tan atrozmente. Pasamos a lo
mejor hasta semanas enteras sin variar; los que nos rodean
se acostumbraron ya a nuestra adustez y ya ni extrañan siquiera nuestro extraño ser. Pero un día el mal crece, como los
35 árboles, y engorda, y ya no saludamos a la gente; y vuelven a sen-
tirnos como raros y como enamorados. Vamos enflaqueciendo,

---

⁴ **deshilarse ... humo**   to vanish into thin air like a puff of smoke
⁵ **para nada**   at all

enflaqueciendo, y nuestra barba hirsuta es cada vez más lacia.
Empezamos a sentir el odio que nos mata; ya no aguantamos el
mirar; nos duele la conciencia, pero, ¡no importa!, ¡más vale que
duela! Nos escuecen los ojos, que se llenan de un agua vene-
nosa cuando miramos fuerte. El enemigo nota nuestro anhelo, 5
pero está confiado; el instinto no miente. La desgracia es alegre, acogedora, y el más tierno sentir gozamos en hacerlo [6] arrastrar sobre la plaza inmensa de vidrios que va siendo ya nuestra
alma ... Cuando huímos como las corzas, cuando el oído sobre-
salta nuestros sueños, estamos ya minados por el mal; ya no hay 10
solución, ya no hay arreglo posible. Empezamos a caer, vertiginosamente ya, para no volvernos a levantar en vida ... Quizás
para levantarnos un poco a última hora, antes de caer de cabeza
hasta el infierno ... Mala cosa.

Mi madre sentía una insistente satisfacción en tentarme 15
los genios, en los que el mal iba creciendo como las moscas al
olor de los muertos. La bilis que tragué me envenenó el corazón, y tan malos pensamientos llegaba por entonces a discurrir
que llegué a estar asustado de mi mismo coraje. No quería ni
verla; los días pasaban iguales los unos a los otros, con el mismo 20
dolor clavado en las entrañas, con los mismos presagios de
tormenta nublándonos la vista ...

El día que decidí hacer uso del hierro tan agobiado estaba,
tan cierto de que el mal había que sangrarlo,[7] que no sobresaltó
ni un ápice mis pulmones [8] la idea de la muerte de mi madre. 25
Era algo fatal que había de venir y que venía, que yo había de
causar y que no podía evitar aunque quisiera, porque me parecía imposible cambiar de opinión, volverme atrás, evitar lo que
ahora daría una mano porque no hubiera ocurrido, pero que
entonces gozaba en provocar con el mismo cálculo y la misma 30
meditación por lo menos con los que un labrador emplearía
para pensar en sus trigales ...

Estaba todo bien preparado; me pasé largas noches enteras pensando en lo mismo para envalentonarme, para tomar
fuerzas; afilé el cuchillo de monte, con su larga y ancha hoja 35

[6] **hacerlo   lo** *refers to* **el sentir**
[7] **de que el mal ... sangrarlo**   that the evil had to be bled away
[8] **no sobresaltó ... pulmones**   didn't make my breath quicken a bit

que se parecía a las hojas del maíz, con su canalito que lo cru-
zaba, con sus cachas de nácar que le daban un aire retador ...
Sólo faltaba entonces emplazar la fecha; y después no titubear,
no volverse atrás, llegar hasta el final costase lo que costase,
5 mantener la calma ... y luego herir, herir sin pena, rápidamente,
y huir, huir muy lejos, a La Coruña, huir donde nadie pudiera
saberlo, donde se me permitiera vivir en paz esperando el olvido
de las gentes, el olvido que me dejase volver para empezar a
vivir de nuevo ... La conciencia no me remordería; no habría
10 motivo. La conciencia sólo remuerde de las injusticias cometidas: de apalear a un niño, de derribar una golondrina ... Pero
de aquellos actos a los que nos conduce el odio, a los que vamos
como adormecidos por una idea que nos obsesiona, no tenemos que arrepentirnos jamás, jamás nos remuerde la con-
15 ciencia.

Fué el 12 de febrero de 1922. Cuadró en viernes aquel año,
el 12 de febrero. El tiempo estaba claro como es ley [9] que ocurriera por el país; el sol se agradecía y en la plaza me parece
como recordar que hubo aquel día más niños que nunca ju-
20 gando a las canicas o a las tabas. Mucho pensé en aquello, pero
procuré vencerme, y lo conseguí; volverme atrás hubiera sido
imposible, hubiera sido fatal para mí, me hubiera conducido a
la muerte, quién sabe si al suicidio. Me hubiera acabado por
encontrar en el fondo del Guadiana, debajo de las ruedas del
25 tren ... No, no era posible cejar, había que continuar adelante,
siempre adelante, hasta el fin. Era ya una cuestión de amor
propio.

Mi mujer algo debió de notarme.

—¿Qué vas a hacer?

30 —Nada, ¿por qué?

—No sé; parece como si te encontrase extraño.

—¡Tonterías!

La besé, por tranquilizarla; fué el último beso que le di.
¡Qué lejos de saberlo estaba yo entonces! Si lo hubiera sabido
35 me hubiera estremecido ...

—¿Por qué me besas?

---

9 como es ley as is usual

Me dejó de una pieza.[10]

—¿Por qué no te voy a besar?

Sus palabras mucho me hicieron pensar. Parecía como si supiera todo lo que iba a ocurrir, como si estuviera ya al cabo de la calle.   5

El sol se puso por el mismo sitio que todos los días. Vino la noche ... cenamos ... se metieron en la cama ... Yo me quedé, como siempre, jugando con el rescoldo del hogar. Hacía ya tiempo que no iba a la taberna de Martinete.

Había llegado la ocasión, la ocasión que tanto tiempo había estado esperando. Había que hacer de tripas corazón, acabar pronto, lo más pronto posible. La noche es corta y en la noche tenía que haber pasado ya todo y tenía que sorprenderme la amanecida a muchas leguas del pueblo.

Estuve escuchando un largo rato. No se oía nada. Fuí al 15
cuarto de mi mujer; estaba dormida y la dejé que siguiera durmiendo. Mi madre dormitaría también a buen seguro. Volví a la cocina; me descalcé; el suelo estaba frío, y las piedras del suelo se me clavaban en la planta del pie. Desenvainé el cuchillo, que brillaba a la llama como un sol ...   20

Allí estaba, echada bajo las sábanas, con su cara muy pegada a la almohada. No tenía más que echarme sobre el cuerpo y acuchillarlo. No se movería, no daría ni un solo grito, no le daría tiempo ... Estaba ya al alcance del brazo, profundamente dormida, ajena—¡Dios, qué ajenos están siempre los asesinados a 25
su suerte!—a todo lo que le iba a pasar. Quería decidirme, pero no lo acababa de conseguir; vez hubo ya de tener el brazo levantado,[11] para volver a dejarlo caer otra vez todo a lo largo del cuerpo.

Pensé cerrar los ojos y herir. No podía ser; herir a ciegas es 30
como no herir, es exponerse a herir en el vacío ... Había que herir con los ojos bien abiertos, con los cinco sentidos puestos en el golpe. Había que conservar la serenidad, que recobrar la serenidad que parecía ya como si estuviera empezando a perder ante la vista del cuerpo de mi madre ... El tiempo pasaba y yo 35
seguía allí, parado, inmóvil como una estatua, sin decidirme a

---

[10] **Me dejó de una pieza**   I was dumbfounded
[11] **vez hubo ... levantado**   more than once I raised my arm, [only]

acabar. No me atrevía; después de todo era mi madre, la mujer que me había parido, y a quien sólo por eso había que perdonar ... No; no podía perdonarla porque me hubiera parido. Con echarme al mundo no me hizo ningún favor, absoluta-
5 mente ninguno ... No había tiempo que perder. Había que decidirse de una buena vez ... Momento llegó a haber en que estaba de pie y como dormido, con el cuchillo en la mano, como la imagen del crimen ... Trataba de vencerme, de recuperar mis fuerzas, de concentrarlas. Ardía en deseos de acabar pronto, rá-
10 pidamente, y de salir corriendo hasta caer rendido, en cualquier lado. Estaba agotándome; llevaba una hora larga al lado de ella, como guardándola, como velando su sueño. ¡Y había ido a matarla, a eliminarla, a quitarle la vida a puñaladas! ...
Quizás otra hora llegara ya a pasar. No; definitivamente,
15 no. No podía; era algo superior a mis fuerzas, algo que me revolvía la sangre. Pensé huir. A lo mejor hacía [12] ruido al salir; se despertaría, me reconocería. No, huir tampoco podía; iba indefectiblemente camino de la ruina ... No había más solución que golpear, golpear sin piedad, rápidamente, para acabar
20 lo más pronto posible. Pero golpear tampoco podía ... Estaba metido como en un lodazal donde me fuese hundiendo, poco a poco, sin remedio posible, sin salida posible ... El barro me llegaba ya hasta el cuello. Iba a morir ahogado como un gato ... Me era completamente imposible matar; estaba como para-
25 lítico ...
Di la vuelta para marchar. El suelo crujía. Mi madre se revolvió en la cama.
—¿Quién anda por ahí?
Entonces sí que ya no había solución. Me abalancé sobre
30 ella y la sujeté. Forcejeó, se escurrió ... Momento hubo en que llegó a tenerme cogido por el cuello. Gritaba como una condenada. Luchamos; fué la lucha más tremenda que usted se puede imaginar. Rugíamos como bestias, la baba nos asomaba a la boca ... En una de las vueltas vi a mi mujer, blanca como una
35 muerta, parada a la puerta sin atreverse a entrar. Traía un candil en la mano, el candil a cuya luz pude ver la cara de mi madre, morada como un hábito de nazareno ... Seguíamos lu-

[12] hacía = haría

chando; llegué a tener las vestiduras rasgadas, el pecho al aire. La condenada tenía más fuerzas que un demonio. Tuve que usar de toda mi hombría para tenerla quieta. Quince veces que la sujetara, quince veces que se me había de escurrir. Me arañaba, me daba patadas y puñetazos, me mordía. Hubo un momento en que con la boca me cazó un pezón—el izquierdo—y me lo arrancó de cuajo. Fué en el momento mismo en que pude clavarle la hoja en la garganta ...

La sangre salía como desbocada [13] y me golpeó la cara. Estaba caliente como un vientre y sabía lo mismo que la sangre de los corderos ...

La solté y salí huyendo. Choqué con mi mujer a la salida; se le apagó el candil. Cogí el campo [14] y corrí, corrí sin descanso, durante horas enteras. El campo estaba fresco y una sensación como de alivio me recorrió las venas ...

Podía respirar ...

[13] **salía como desbocada**   spurted out
[14] **Cogí el campo**   I took to open country

Otra Nota del Transcriptor

Hasta aquí las cuartillas manuscritas de Pascual Duarte.
Si lo agarrotaron a renglón seguido, o si todavía tuvo tiempo
de escribir más hazañas, y éstas se perdieron, es una cosa que por
más que hice no he podido esclarecer.

5 *El Licenciado don Benigno Bonilla, dueño de la farmacia*
de Almendralejo, donde, como ya dije, encontré lo que atrás
dejo transcrito, me dió toda suerte de facilidades para seguir re-
buscando. A la botica le di la vuelta como un calcetín; miré
hasta en los botes de porcelana, detrás de los frascos, encima—
10 *y debajo—de los armarios, en el cajón del bicarbonato ...*
Aprendí nombres hermosos—ungüento del hijo de Zacarías,
del boyero y del cochero, de pez y resina, de pan de puerco, de
bayas de laurel, de la Caridad, contra el pedero del ganado
lanar—, tosí con la mostaza, me dieron arcadas con la valeriana,
15 *me lloraron los ojos con el amoníaco, pero por más vueltas que*
di, y por más padrenuestros que le recé a San Antonio para que
me pusiera algo a los alcances de mi mano, ese algo no debía
existir porque jamás lo atopé.

Es una contrariedad no pequeña esta falta absoluta de da-
20 *tos de los últimos años de Pascual Duarte. Por un cálculo, no*
muy difícil, lo que parece evidente es que volviera de nuevo al
Penal de Chinchilla (de sus mismas palabras se infiere) donde
debió estar hasta el año 35 o quién sabe si hasta el 36. Desde
luego, parece descartado que salió de presidio antes de empezar
25 *la guerra.[1] Sobre lo que no hay manera humana de averiguar*
nada es sobre su actuación durante los quince días de revolu-
ción que pasaron sobre su pueblo;[2] si hacemos excepción del

[1] **la guerra**   *Spanish Civil War (1936–1939)*
[2] **los quince ... pueblo**   *The Nationalists under General Francisco*
Franco fought the Republicans in this region in order to unite their north-
ern and southern forces. The city of Badajoz fell to the Nationalists on
August 14, 1936, thereby cutting off the route to Portugal.

asesinato del señor González de la Riva—del que nuestro personaje fué autor convicto y confeso—nada más, absolutamente
nada más, hemos podido saber de él, y aun de su crimen sabe-
mos, cierto es, lo irreparable y evidente, pero ignoramos, porque Pascual se cerró a la banda [3] y no dijo esta boca es mía más 5
que cuando le dió la gana, que fué muy pocas veces, los motivos
que tuvo y los impulsos que le acometieron. Quizá de haberse
diferido algún tiempo su ejecución, hubiera llegado él en sus
memorias hasta este punto y lo hubiera tratado con amplitud,
pero lo cierto es que, como no ocurrió, la laguna que al final de 10
sus días aparece no de otra forma que a base de cuento y de romance [4] podría llenarse, solución que repugna a la veracidad
de este libro.

La carta de P. D. a don Joaquín Barrera debió escribirla
al tiempo de los capítulos XII y XIII, los dos únicos en los que 15
empleó tinta morada, idéntica a la de la carta al citado señor,
lo que viene a demostrar que Pascual no suspendió definitivamente, como decía, su relato, sino que preparó la carta con todo
cálculo para que surtiese su efecto a su tiempo debido, precau-
ción que nos presenta a nuestro personaje no tan olvidadizo 20
ni atontado como a primera vista pareciera. Lo que está del
todo claro, porque nos lo dice el cabo de la Guardia Civil, Cesáreo Martín, que fué quien recibió el encargo, es la forma en
que se dió traslado al fajo de cuartillas desde la cárcel de Badajoz hasta la casa en Mérida del señor Barrera. 25

En mi afán de aclarar en lo posible los últimos momentos
del personaje, me dirigí en carta a don Santiago Lurueña, capellán entonces de la cárcel y hoy cura párroco de Magacela (Badajoz) y a don Cesáreo Martín, número de la Guardia Civil con
destino en la cárcel de Badajoz entonces y hoy cabo comandante 30
del puesto de La Vecilla (León), y personas ambas que por su
oficio estuvieron cercanas al criminal cuando le tocó pagar deu-
das a la justicia.

He aquí las cartas:

[3] se cerró a la banda   kept his mouth shut
[4] a base ... romance   by fictionalizing

Magacela (Badajoz), a 9 de enero de 1942

Muy distinguido señor mío y de mi mayor consideración:

Recibo en estos momentos, y con evidente retraso, su atenta carta del 18 del anterior mes de diciembre, y las 359 cuartillas
5 escritas a máquina conteniendo las memorias del desgraciado Duarte. Me lo remite todo ello don David Freire Angulo, actual capellán de la cárcel de Badajoz, y compañero de un servidor allá en los años moceriles del Seminario, en Salamanca. Quiero apaciguar el clamor de mi conciencia estampando estas pala-
10 bras no más abierto el sobre,[1] para dejar para mañana, Dios mediante,[2] la continuación, después de haber leído, siguiendo sus instrucciones y mi curiosidad, el fajo que me acompaña.
(Sigo el 10.)
Acabo de leer de una tirada, aunque—según Herodoto—
15 no sea forma noble de lectura, las confesiones de Duarte, y no tiene usted idea de la impresión profunda que han dejado en mi espíritu, de la honda huella, del marcado surco que en mi alma produjeran. Para un servidor, que recogiera sus últimas palabras de arrepentimiento con el mismo gozo con que reco-
20 giera la más dorada mies el labrador, no deja de ser fuerte impresión la lectura de lo escrito por el hombre que quizá a la mayoría se les figure [3] una hiena (como a mí se me figuró también cuando fuí llamado a su celda), aunque al llegar al fondo de su alma se pudiese conocer que no otra cosa que un manso
25 cordero, acorralado y asustado por la vida, pasara de ser.
Su muerte fué de ejemplar preparación y únicamente a úl-

1 **no más abierto el sobre**   immediately after opening the envelope
2 **Dios mediante**   God willing
8 **que quizá ... figure**   whom perhaps most people will imagine to be

126

tima hora, al faltarle la presencia de ánimo, se descompuso un tanto, lo que ocasionó que el pobre sufriera con el espíritu lo que se hubiera ahorrado de tener mayor valentía.

Dispuso los negocios del alma con un aplomo y una serenidad que a mí me dejaron absorto y pronunció delante de todos, cuando llegó el momento de ser conducido al patio, un *¡Hágase la voluntad del Señor!* que mismo nos dejara maravillados [4] con su edificante humildad. ¡Lástima que el enemigo le robase sus últimos instantes, porque si no, a buen seguro que su muerte habría de haber sido tenida como [5] santa! Ejemplo de todos los que la presenciamos hubo de ser (hasta que perdiera el dominio, como digo), y provechosas consecuencias para mi dulce ministerio de la cura de almas, hube de sacar de todo lo que vi. ¡Que Dios lo haya acogido en su santo seno!

Reciba, señor, la prueba del más seguro afecto en el saludo que le envía su humilde

S. Lurueña, Presbítero

P. D.[6]—Lamento no poder complacerle en lo de la fotografía, y no sé tampoco cómo decirle para que pudiera arreglarse.

[4] que mismo ... maravillados which left us simply amazed
[5] habriá de ... tenida como would have been considered
[6] P.D. = posdata P.S. = postscript

Una. Y la otra

La Vecilla (León), 12-1-42.

Muy señor mío:

Acuso recibo de su atenta particular [1] del 18 de diciembre,
5 deseando que al presente se encuentre usted gozoso de tan
buena salud como en la fecha citada. Yo, bien—a Dios gracias
sean dadas—, aunque más tieso que un palo en este clima que
no es ni para desearlo al más grande criminal. Y paso a infor-
marle de lo que me pide, ya que no veo haya motivo alguno del
10 servicio [2] que me lo impida, ya que de haberlo usted me habría
de dispensar, pero yo no podría decir ni una palabra. Del tal [3]
Pascual Duarte de que me habla ya lo creo que me recuerdo,
pues fué el preso más célebre que tuvimos que guardar en mucho tiempo; de la salud de su cabeza no daría yo fe aunque me
15 ofreciesen Eldorado, porque tales cosas hacía que a las claras
atestiguaba su enfermedad. Antes de que confesase ninguna
vez, todo fué bien; pero en cuanto que lo hizo la primera se
conoce que le entraron escrúpulos y remordimientos y quiso
purgarlos con la penitencia; el caso es que los lunes, porque si [4]
20 había muerto su madre, y los martes, porque si [4] martes había
sido el día que matara [5] al señor Conde de Torremejía, y los
miércoles, porque si [4] había muerto no sé quién, el caso es que
el desgraciado se pasaba las medias semanas [6] voluntariamente

---

[1] **Acuso ... particular**   I acknowledge receipt of your kind letter
[2] **haya motivo ... servicio**   [that] there is any service regulation
[3] **Del tal**   As for that fellow
[4] **porque si**   *Omit* si *in translating*
[5] **matara** = había matado
[6] **las medias semanas**   half of every week

sin probar bocado, que tan presto se le hubieron de ir las carnes que para mí [7] que al verdugo no demasiado trabajo debiera
costarle el hacer que los dos tornillos llegaran a encontrarse en
el medio del gaznate.[8] El muy desgraciado se pasaba los días escribiendo, como poseído de la fiebre, y como no molestaba y [5]
además el Director era de tierno corazón y nos tenía ordenado
le aprovisionásemos de lo que fuese necesitando para seguir escribiendo, el hombre se confiaba y no cejaba ni un instante. En
una ocasión me llamó, me enseñó una carta dentro de un sobre
abierto (*para que la lea usted, si quiere,* me dijo) dirigido a don [10]
Joaquín Barrera López, en Mérida, y me dijo en un tono que
nunca llegué a saber si fuera de súplica o de mandato:

—*Cuando me lleven, coge usted esta carta, arregla un poco
este montón de papeles, y se lo da todo a este señor. ¿Me entiende?* [15]

Y añadía después mirándome a los ojos y poniendo tal misterio en su mirar que me sobrecogía:

—*¡Dios se lo habrá de premiar ... porque yo así se lo pediré!*

Yo le obedecí, porque no vi mal en ello, y porque he sido
siempre respetuoso con las voluntades de los muertos. [20]

En cuanto a su muerte, sólo he de decirle que fué completamente corriente y desgraciada y que aunque al principio se
sintiera flamenco y soltase delante de todo el mundo un *¡Hágase la voluntad del Señor!* que nos dejó como anonadados,
pronto se olvidó de mantener la compostura. A la vista del pa- [25]
tíbulo se desmayó y cuando volvió en sí tales voces daba de que
no quería morir y de que lo que hacían con él no había derecho,
que hubo de ser llevado a rastras hasta el banquillo. Allí besó
por última vez un crucifijo que le mostró el Padre Santiago, que
era el capellán de la cárcel y mismamente un santo, y terminó [30]
sus días escupiendo y pataleando, sin cuidado ninguno de los
circunstantes, y de la manera más ruin y más baja que un hombre puede terminar; demostrando a todos su miedo a la muerte.

Le ruego que si le es posible me envíe dos libros, en vez
de uno, cuando estén impresos. El otro es para el teniente de [35]

[7] **tan presto ... para mí**   he lost weight so fast that I should think
[8] **los dos ... gaznate**   *Reference to the garrote, instrument with which the
death penalty is carried out by means of strangulation*

la línea que me indica que le abonará el importe a reembolso, si es que a usted le parece bien.

Deseando haberle complacido, le saluda atentamente s. s. s. q. e. s. m.,[9]

CESÁREO MARTÍN

Tardé en recibir su carta y ese es el motivo de que haya tanta diferencia entre las fechas de las dos. Me fué remitida desde Badajoz y la recibí en ésta el 10, sábado, o sea antes de ayer.—Vale.

¿Qué más podría yo añadir a lo dicho por estos señores?

Madrid, 1942.

[9] s.s.s.q.e.s.m. = su seguro servidor que estrecha su mano (*a formal complimentary close of a letter*)

TEMAS DE DISCUSION LITERARIA

[Páginas de introducción]

1. ¿Para qué sirven las diversas notas y cartas al principio de la novela? ¿Es ésta una buena técnica literaria? ¿Sirve para aumentar el interés del lector?
2. ¿Qué significado tiene la dedicatoria que Pascual antepone a sus memorias (pág. 10)?

[I]

1. ¿Qué tono establece el primer párrafo de las memorias de Pascual? ¿Qué temas ya se introducen aquí?
2. ¿Con qué técnica se presentan la casa y el pueblo de Pascual: de manera realista y detallada o selectiva e impresionista? ¿Qué ventajas tiene esta técnica?
3. ¿Qué indicaciones hay de la posición social de la familia de Pascual?
4. ¿Cuál es el significado de la escena en la cual Pascual mata a su perra, la *Chispa*? ¿De qué manera hace resaltar el último párrafo la calidad dramática de la escena?
5. Selecciónense algunas comparaciones que emplea Cela en este capítulo. Coméntense su originalidad, su realismo, su efecto sugestivo. ¿Le parece a usted que estas metáforas y símiles se emplean con exceso? ¿Son siempre a propósito?

[II]

1. ¿Cómo presenta Cela a los padres de Pascual? ¿Los describe físicamente, psicológicamente, o de las dos maneras?
2. Según como los describe, ¿qué actitud tiene Pascual hacia su padre y su madre?

3. ¿Tiene la multitud de características negativas atribuídas a los padres de Pascual el efecto de convencerle al lector, o le dan la impresión de que revelan parcialidad?

4. ¿Qué significado tiene la siguiente observación de Pascual? "Yo, al principio, apañaba algún cintarazo que otro, pero cuando tuve más experiencia y aprendí que la única manera de no mojarse es no estando a la lluvia, lo que hacía, en cuanto veía que las cosas tomaban mal cariz, era dejarlos solos y marcharme. Allá ellos." (pág. 20, línea 29—pág. 21, línea 2)

5. ¿Qué filosofía de la vida empieza a expresar Pascual en este capítulo? Búsquense muestras de la misma actitud en los capítulos siguientes.

[III]

1. ¿Qué aspectos de la personalidad de Pascual se revelan en sus descripciones de la niñez de Rosario que no salieron a luz cuando hablaba de sus padres?

2. Explíquese el significado del encuentro de Pascual con *El Estirao*. ¿Qué influencia de este encuentro puede esperarse en la futura conducta de Pascual?

3. ¿Están de acuerdo o no el modo de hablar y las acciones de *El Estirao* con su retrato tal como lo ha pintado Pascual en la parte anterior a su aparición? ¿Qué efecto tiene esta técnica de múltiples perspectivas en la caracterización de un personaje?

4. Nótese la repetición de las mismas ideas en las páginas 29 (línea 30)—30 (línea 2) y en la página 30 (líneas 25–26). Júzguese este artificio literario desde los puntos de vista de: 1) realismo psicológico y 2) efecto poético.

5. Nótense las líneas de puntos suspensivos. ¿Qué objeto tienen en este capítulo y en los siguientes?

[IV]

1. ¿Inspiran compasión o repugnancia los últimos días y la muerte del padre de Pascual? ¿Por qué?

2. ¿Qué efecto tienen las descripciones de la vida y la muerte de Mario?

3. ¿Qué añaden estas escenas a la caracterización de la madre de Pascual? ¿De qué modo contribuyen a formar la actitud de Pascual hacia su madre?

[V]

1. ¿Qué importancia tiene Mario en el desarrollo de la trama de la novela? Indíquense otros motivos posibles por haberlo incluído en la novela.

2. ¿Qué indicaciones hay en este capítulo de la bondad fundamental, del afecto y de la compasión que son parte de la personalidad de Pascual?

3. Coméntese la primera descripción del carácter de Lola en cuanto a lo que revela acerca de ella, la objetividad de la descripción, etc.

4. ¿Qué significado simbólico tiene el fondo de la escena de la seducción de Lola? ¿Qué contrastes dramáticos forman parte de esta escena?

[VI]

1. Coméntese el contraste de perspectivas que crea el autor alternando escenas de Pascual en su celda con relatos de su vida. ¿Cuál es el efecto que producen las escenas de Pascual en la cárcel? ¿Intensifican el interés del lector? Explíquese.

2. ¿Qué descubre el lector acerca de Pascual al verlo en su celda?

3. La tendencia de Pascual a analizarse a sí mismo, ¿es un rasgo positivo o negativo? Según el punto de vista de Pascual mismo, ¿le hace más feliz o menos? Y del punto de vista del lector, ¿le hace más o menos verosímil?

4. Desarróllese el concepto de la libertad del hombre que plantea Pascual en el primer párrafo de este capítulo.

5. Analícese el tercer párrafo de este capítulo (pág. 44, líneas

8–19) en términos de su significado simbólico y del contraste
poético entre belleza y fealdad.

[VII]

1. Enumérense las buenas calidades que demuestra Pascual
   en este capítulo.
2. Expónganse las características del diálogo en este capítulo.
   ¿Es natural o es artificial y retórico? ¿Está en armonía con
   las personas que están hablando?
3. Coméntese el significado de la última frase del capítulo.

[VIII]

1. ¿Manifiesta Pascual rasgos muy humanos en su reacción a la
   proyectada boda con Lola?
2. ¿Qué hay de divertido en la escena de la boda?
3. ¿Cuál es el propósito de la gran cantidad de detalles que
   dedica Cela a la descripción del cuarto en la posada donde
   Pascual y Lola pasan su luna de miel?
4. ¿Por qué no puede Pascual llegar a creer en su propia felicidad cuando la halla por un momento?
5. ¿Cuál es el significado del incidente entre Pascual y Zacarías? ¿Qué importancia tiene su posición en este momento
   del desarrollo de la novela?

[IX]

1. ¿Cómo crea Cela el ambiente de este capítulo? ¿Cómo se
   aprovecha de las posibilidades dramáticas de los sucesos?
2. ¿Qué lógica—o falta de lógica—hay en el acto de Pascual
   cuando mata al caballo que descabalgó a Lola?
3. Compárese esta escena con la de la muerte del perro.
4. Compárese la conducta de Pascual en esta ocasión con la
   caracterización anterior de Pascual en su celda (Capítulo
   VI).

5. Analícense los elementos del último párrafo del capítulo que subrayan el dramatismo y la fuerza de esta escena.

[X]

1. Hasta este punto, una serie de sucesos felices y trágicos ha formado la novela. ¿Qué tono domina: alegría y optimismo o tristeza y desaliento? ¿Por qué? ¿Qué efecto tiene el tono en el lector?
2. Coméntese el elemento de ironía relativo a este capítulo.
3. Coméntese la técnica de compresión que emplea Cela y el efecto de tal técnica.
4. ¿Por qué no le sorprende al lector la muerte de Pascualillo? ¿Cómo se ha preparado esta escena durante todo el capítulo? Dada la falta del elemento de sorpresa, ¿por qué deja el último párrafo una impresión emocional tan profunda en el lector?

[XI]

1. Analícese la interacción de idealismo y fatalismo en el concepto de la vida que tiene Pascual.
2. Nótense las muchas comparaciones en este capítulo. ¿Cuál es la base de estas comparaciones? ¿Son tangibles o abstractas? Coméntese su realismo y su efecto poético.
3. ¿Cómo se explica el rencor que siente Pascual hacia las mujeres de su familia?
4. ¿En qué respecto da este capítulo un carácter patético a Pascual?

[XII]

1. Determínense los personajes que hablan en cada sección de este capítulo.
2. Coméntese la relación entre Pascual y cada una de las tres mujeres enlutadas tal como se presenta en este capítulo.

Si es posible, determínense las motivaciones y señálense
los contrastes.

3. Coméntense las fuertes emociones de amor y odio que están entrelazadas aquí.

4. ¿Cómo es de eficaz la técnica de Cela en estas páginas? ¿Es
confusa?

5. ¿Cómo se diferencian el tono y el ambiente psicológico de
este capítulo de los de partes anteriores del libro?

6. ¿De qué manera se entrelazan aquí los elementos tempo-
rales de pasado, presente y futuro?

7. En este capítulo el carácter de Lola se desarrolla y llega a
tener más estatura. ¿Cómo logra el autor este efecto?

8. Coméntense la agudeza psicológica y la verosimilitud de
las emociones que asoman aquí.

9. ¿Cuál es el efecto poético de este capítulo? ¿Cómo se rea-
liza? ¿Es a propósito para una novela? Justifique su opinión.

10. En esta parte de la novela, ¿se mantiene o no el realismo
de escenas anteriores? ¿Cómo se podría justificar el llamarla "surrealista"?

11. Analícese el simbolismo que se encuentra en este capítulo
y en el anterior.

12. Estúdiense con cuidado los últimos cuatro párrafos del
capítulo y coméntese su significado.

[XIII]

1. En la página 79, líneas 17–18, hay una indicación de algo
que se explica poco después (pág. 79, líneas 22–23). ¿Sirve
esta técnica, que emplea Cela con frecuencia, para esti-
mular eficazmente la imaginación del lector? Defienda su
opinión.

2. Véase la página 79, líneas 18–22. ¿Qué indican estas líneas
acerca de las direcciones en que hubiera podido desarrollarse Pascual? ¿Está usted de acuerdo con la evaluación
que hace Pascual aquí de sí mismo? (Nótese que Pascual
repite la misma idea en la página 83, líneas 19–21.)

3. Nótese que Pascual al arrepentirse se inclina a la religión.

¿Le es fácil esto? ¿Le impulsa a esto la razón o la emoción?

4. ¿Cree usted que esta nueva religiosidad de Pascual es sincera? ¿Es natural y convincente en estas circunstancias? ¿Está bien motivado este cambio y bien presentado según el punto de vista humano y psicológico?

5. Pascual afirma que si pudiera empezar de nuevo, trataría de hacerlo todo de manera distinta. ¿Cree usted que él lo lograría? Explique su opinión.

[XIV]

1. En su fuga del pueblo, ¿de qué huye Pascual? ¿De una cosa o persona específica, de un estado de ánimo, o de los dos?

2. ¿Qué significa la sorpresa de Pascual cuando ve que Estévez y su contrincante no llegan a las manos en su disputa?

3. ¿Por qué vuelve Pascual a su pueblo? ¿Qué importancia tiene este acto?

4. ¿Qué provecho sacó Pascual de sus viajes a Madrid y a La Coruña?

[XV]

1. ¿Se presenta a Lola como a una mujer depravada? ¿Se puede justificar su conducta psicológicamente? ¿Moralmente?

2. Lola le dice a Pascual: "Es que la sangre parece como el abono de tu vida." ¿Hasta qué punto es justa esta caracterización de Pascual?

3. ¿Está presentada de manera convincente la muerte de Lola? Justifique su respuesta.

[XVI]

1. Pascual considera a *El Estirao* como el asesino de Lola. ¿Está usted de acuerdo con Pascual en este juicio?

2. Pascual afirma que en su encuentro con *El Estirao* estaba en pleno poder de sus facultades. Entonces, ¿se puede con-

siderar el asesinato de su rival como un acto de pasión o una medida racional? ¿Obra Pascual en defensa propia, por orgullo, o porque ha sido provocado?

3. ¿Se parece este acto a las escenas en que Pascual mató al perro y al caballo? Explíquese.

4. ¿Considera usted la descripción del asesinato viva e impresionante o excesivamente realista? ¿Está de acuerdo con el tono del resto del libro? ¿Es a propósito en una obra de arte?

[XVII]

1. ¿Qué causa el repentino cambio de tono entre el capítulo XVI y el XVII? ¿Qué efecto tiene este cambio?

2. ¿Se da cuenta Pascual de su propia culpabilidad? Si se da cuenta de ello, ¿por qué no ha cambiado de conducta?

3. ¿Es el concepto de vida de Pascual el de un individuo amargado por sus experiencias, o representa una evaluación objetiva de la realidad? ¿Se puede justificar su propensión a generalizar basándose en sus propias experiencias?

4. Coméntese el choque violento entre imaginación y realidad en este capítulo.

5. ¿Por qué prefiere Pascual la cárcel a la libertad? ¿Qué impresión saca el lector de esta actitud?

6. ¿Son convincentes la conducta y las emociones de Pascual cuando llega de la cárcel a su pueblo y se dirige a su casa? Defienda su contestación.

7. Descríbase el papel que desempeñan en este capítulo los agüeros y los símbolos.

8. ¿Se justifica aquí el odio que vuelve a sentir Pascual por su madre? ¿De qué manera revelan sus conversaciones la tirantez de sus relaciones?

[XVIII]

1. Compárese la escena en que se encuentran Pascual y Esperanza con el encuentro de Pascual y Lola en el cementerio.

¿Cómo se explica la diferencia?

2. Compárese la personalidad de Esperanza con la de Lola.

[XIX]

1. Analícese el significado del trozo siguiente:

> "La conciencia sólo remuerde de las injusticias cometidas: de apalear a un niño, de derribar una golondrina . . . Pero de aquellos actos a los que nos conduce el odio, a los que vamos como adormecidos por una idea que nos obsesiona, no tenemos que arrepentirnos jamás, jamás nos remuerde la conciencia." (pág. 120, líneas 10–15)

2. ¿De qué manera establece Cela la creciente tensión antes de entrar Pascual en el cuarto de su madre?

3. ¿Cómo aumenta el autor la ansiedad y la anticipación hasta un punto de tremenda tensión dramática mientras Pascual está en el cuarto de su madre antes de matarla?

4. Repásense los acontecimientos que han ido aumentando cada vez más el odio que siente Pascual por su madre. ¿Justifican éstos el asesinato? ¿Es éste un acto gratuito e impulsivo por parte de Pascual?

5. ¿En qué respecto cambia la personalidad de Pascual en los momentos antes de la muerte de su madre? ¿Cómo se explica este cambio?

6. Analícense con cuidado las diferencias entre los otros crímenes de Pascual y el asesinato de su madre. Basándose en estas diferencias, ¿se puede decir que el asesinato de la madre está a un nivel moral distinto?

7. ¿Qué efecto tiene en esta escena la lucha violenta entre el asesino y su víctima?

8. Se ha dicho que el autor de la novela insiste, oculto, en el homicidio, sin hacer caso de las vacilaciones de Pascual. Coméntese esta idea.

9. En la lucha de Pascual con su madre (pág. 122, líneas 29–30), el autor emplea algunas de las mismas expresiones que ya había utilizado para describir la seducción de Lola (pág. 41, línea 35—pág. 42, línea 2). A su parecer, ¿es ésta una técnica

consciente por parte del autor? ¿Qué efecto tiene este procedimiento?

[Páginas de conclusión]

1. ¿Cree usted que *La familia de Pascual Duarte* hubiera sido mejor novela si hubiera terminado con la muerte de la madre de Pascual? Justifique su respuesta.
2. ¿Qué rasgos del carácter de Pascual se revelan en el relato de los últimos momentos antes de su ejecución?
3. ¿Por qué hace el autor que Pascual pierda la calma y el dominio de sí mismo al final?
4. ¿Qué se gana con la introducción de dos relatos diferentes acerca de los últimos momentos de Pascual?
5. ¿Tiene razón Cesáreo Martín en su opinión de que Pascual está enfermo y demente?
6. A pesar de sus muchas malas acciones, Pascual manifiesta profundo remordimiento y gran arrepentimiento tanto al final como en previas ocasiones. ¿Es hipócrita o sincero? ¿Se pueden reconciliar su expresión de penitencia y su conducta criminal?
7. ¿Cómo sirven las dos cartas del final para establecer a Pascual como "antihéroe"?
8. ¿Cómo caracterizan las dos cartas tanto a sus autores como a Pascual?

TEMAS GENERALES

1. ¿Cuál es el significado del título del libro? ¿Por qué no se llama simplemente *Pascual Duarte*?
2. ¿Qué limitaciones tiene la técnica de narrar una novela en primera persona? ¿Cuáles son las ventajas? En el caso de *Pascual Duarte,* ¿le da esta técnica mayor apariencia de objetividad? Explíquese. ¿Puede ser que esta técnica dis-

minuya la realidad psicológica en las partes de la novela donde Pascual se dedica a filosofar?

3. ¿Le parece a usted que la novela hubiera podido tener más efecto compuesta en forma diferente? Si le parece que sí, ¿en qué forma y por qué? Si no, ¿por qué es eficaz esta forma?

4. Analícese la relación entre autor y personaje tal como se destaca en esta novela.

5. Explíquese la estructura de la novela desde los puntos de vista siguientes: a) incidente b) cronología c) presentación psicológica de Pascual.

6. ¿Está bien establecida la cronología de los acontecimientos en este libro? ¿Es éste un factor importante o no?

7. Se le ha acusado a Cela de apresurarse demasiado en esta novela y de no desarrollarla con bastante lentitud y cuidado. En su opinión, ¿es verdad esto? Cualquiera que sea su punto de vista, ¿cree usted que una novela escrita a rasgos grandes y rápidos pueda ser eficaz? ¿Puede esta técnica adaptarse más a cierta clase de temas que a otras?

8. Se ha tachado a esta novela de artificial y estilizada. ¿Qué aspectos de la obra podrían apoyar esta opinión? ¿Está usted de acuerdo con este juicio?

9. Analícese el diálogo en la novela: la cantidad de diálogo, los propósitos para los cuales se emplea, su propiedad en términos de su colocación en la novela y de los personajes que hablan, la extensión de las conversaciones, la vitalidad, etc. ¿Evita Cela el diálogo donde hubiera sido a propósito o eficaz? ¿Lo emplea excesivamente? ¿Se aprovecha de todas sus posibilidades dramáticas? Escójanse algunos pasajes del diálogo y hágase de ellos un análisis cuidadoso.

10. ¿Tiene cada personaje en este libro un modo distinto de expresarse? ¿Se puede reconocer a los personajes inmediatamente por su lenguaje individual? ¿O hay sólo una manera de hablar que todos tienen en común? Explique su contestación y dense ejemplos.

11. Coméntese el empleo de refranes populares en el relato.

12. Analícense los aspectos poéticos de esta obra haciendo hincapié en la cuestión de lenguaje.

13. ¿Están bien presentados e individualizados los personajes secundarios? ¿Tienen importancia por sí mismos, o sirven sólo como instrumentos para la descripción y el desarrollo de Pascual? Contéstese específicamente, analizando algunos de los personajes secundarios detalladamente, por ejemplo, Lola, la madre de Pascual, Rosario, *El Estirao,* el señor Rafael, etc.

14. ¿Qué papel desempeña la naturaleza en esta obra? ¿Tienen gran importancia el paisaje y la localidad? Cuando describe una escena específica, ¿selecciona el autor o incluye todos los detalles? ¿Qué propósitos y efectos tiene esta técnica?

15. ¿Está relacionada esta novela con un tiempo específico? ¿Hay un fondo histórico bien definido? Explíquese.

16. Coméntese la importancia que tienen agüeros y presentimientos en esta obra.

17. ¿Hay mucho humorismo en *Pascual Duarte?* Si lo hay, ¿de qué tipo es?

18. Expóngase la cuestión del realismo en la literatura con referencia especial a *Pascual Duarte.*

19. ¿Hay moraleja en este libro? Si la hay, ¿cuál es, y cómo se expresa?

20. Se presenta a Pascual como un ejemplo que no se debe imitar. Entonces, ¿es la novela una condenación de Pascual o de la sociedad y de la época que lo han producido? Explique su respuesta. ¿Impide el intento expresado del autor la posibilidad de una reacción compasiva hacia Pascual?

21. Si Pascual debe servir de escarmiento, ¿es verdad también que Pascual mismo saca provecho de sus propias experiencias a pesar de su reincidencia en el crimen?

22. Cela ha expuesto su firme creencia de que una novela no debe contener una tesis obvia. ¿Consigue este propósito en *Pascual Duarte?*

23. ¿Hay en esta novela alguna crítica directa o implícita de clases sociales?

24. ¿Se puede atribuir el comportamiento de Pascual sólo a un miembro de la clase baja? Explíquese.

25. ¿Es Pascual un verdadero campesino tosco y sencillo, o posee características que lo apartan de esta categoría?

26. ¿Es Pascual superior en algún respecto a las personas que mata? Si lo es, ¿representan sus crímenes cierta clase de justicia?

27. ¿Qué actitud tiene Pascual ante la religión y el clero? ¿Es irreverente? ¿Se basa su comportamiento en fuertes principios, o le inspira la emoción? ¿Muestra inconstancia su actitud? ¿Cambia su punto de vista?

28. ¿Es importante la superstición en las actitudes de Pascual? Si lo es, dense ejemplos y explíquense las causas.

29. Analícese la cuestión de la fatalidad como tema en *Pascual Duarte*. ¿Hasta qué punto tiene Pascual razón al atribuir su conducta a su "mala estrella"? ¿Excluye esto la posibilidad de reforma?

30. Hay varias opiniones sobre si Pascual es básicamente malvado o, como afirma él mismo, fundamentalmente bueno pero vencido por la vida y por su "mala estrella". ¿Cuál de las dos opiniones le parece a usted más justa?

31. Pascual habla a menudo del hado y del destino. ¿Es Pascual la víctima de su destino, o es responsable de él?

32. Las memorias de Pascual empiezan con la frase: "Yo, señor, no soy malo, aunque no me faltarían motivos para serlo." ¿Se ve apoyada esta declaración por lo que sigue?

33. ¿Qué aspectos de la conducta de Pascual ya se anuncian en el comportamiento de su padre? ¿Qué importancia tienen los orígenes de Pascual en la formación de su personalidad y de sus actitudes?

34. ¿Qué puntos convergentes y divergentes hay entre *Pascual Duarte* y las novelas naturalistas del siglo diecinueve?

35. ¿Cómo se entrelazan momentos de felicidad y de tristeza en esta obra?

36. Pascual Duarte es el protagonista de esta novela. ¿Se le puede considerar un héroe?

37. ¿Tiene algún efecto en el relato el hecho de que Cela no establece la profesión de Pascual? Si tiene un efecto, ¿cuál es?

38. En su opinión, ¿es *Pascual Duarte* el estudio de un caso

clínico? Si lo es, ¿cómo mantiene Cela el interés del lector en el protagonista? Si no, ¿cómo consigue Pascual salir de esta categoría?

39. ¿Cuál fué el propósito de Pascual al escribir sus memorias? ¿Lo puede haber motivado un tipo de vanidad perversa?

40. Recréense los motivos de cada asesinato que cometió Pascual y preséntese el caso en favor y en contra de cada uno.

41. Analícese a Pascual, hombre de acción, en contraposición de Pascual, pensador. ¿Chocan los dos? ¿Se pueden reconciliar dentro de un mismo individuo? ¿Se pueden reconciliar en Pascual? ¿Es que el uno sea más representativo de su verdadera personalidad que el otro?

42. A su parecer, ¿están los pensamientos de Pascual y su facilidad para expresarse de acuerdo con su situación social y su nivel de educación? ¿Es inverosímil la caracterización de Pascual?

43. ¿De qué tipo son los problemas sobre los cuales reflexiona Pascual? ¿Son de orden personal o universal, específico o general?

44. La personalidad de Pascual es una mezcla extraña de brutalidad y sentimentalismo. ¿En qué ocasiones se manifiestan estos rasgos opuestos? ¿Cómo se pueden reconciliar?

45. Se dice que una buena novela conquista al lector, le hace entrar en el mundo especial creado por el novelista. ¿Alcanza Cela esto en *Pascual Duarte*? Explíquese.

46. ¿Es esta novela una verdadera tragedia en el sentido clásico de la palabra? ¿Despierta la compasión del lector por el protagonista?

47. Examínese detalladamente la perspectiva de la vida que saca el lector de este libro.

48. ¿En qué respectos es Pascual típicamente español? ¿En qué respectos es universal?

49. ¿En qué respectos refleja *Pascual Duarte* la época en que fué escrito?

VOCABULARIO

The gender of masculine nouns ending in -o and feminine nouns ending in -a, -tad, -tud, -dad, -ción, and -sión is not indicated. Abbreviations: *adj.* adjective; *adv.* adverb; *cap.* capitalized; *coll.* colloquial; *dimin.* diminutive; *eccl.* ecclesiastical; *f.* feminine; *interj.* interjection; *Lat.* Latin; *m.* masculine; *mil.* military; *pl.* plural.

A

abalanzarse to lunge, to spring
abandonado lost soul
abandono debauchery, lewdness
abanicar to fan
abarcar to encompass
abatido downcast, dejected
ablandar to soften; to loosen
abonar to fertilize; to pay
aborrecer to loathe, to detest
abortar to abort; to miscarry
aborto abortion; miscarriage
abotagado bloated, swollen
abrazo embrace
abreviar to cut short; to hasten
absorto absorbed; amazed
abultar to be bulky
abundar to abound
aburrido tiresome, boring
aburrimiento boredom
aburrirse (de) to become bored (with)
acá: desde entonces — since then, since that time
acabar: — por to . . . finally
acariciar to caress, to stroke
accidentado troubled
accionar to carry on (*coll.*); to gesture
aceite *m.* oil
aceituna olive
acelerarse to hurry
acerico pincushion

acertar: — con to happen upon, to find
acetileno acetylene gas
aciago dismal, unhappy
acíbar *m.* aloes (*bitter purgative*), grief
acierto ability, knack
aclarar to clarify
acobardar to frighten; to intimidate, to cow
acogedor welcoming
acoger to accept, to receive
acometer to overcome suddenly
acomodado settled, comfortable
acompasado slow, regular
acondicionado: mal — in bad condition
acongojado distressed, deeply concerned
acontecimiento event
acorde agreed
acorralado intimidated, cornered (*coll.*)
acosado beset, besieged
acre acrid, biting
actuación action
actual present, present-day
actualidad timeliness, contemporaneity
actualmente at present
acuchillar to stab
acudir to come
acuerdo: estar de — to be in agreement
acunar to rock, to cradle

145

acusar to show; to accuse

achantar to hide from danger

achaque *m.* ill health

achatado flat

achicar to intimidate; to disconcert

ademán *m.* manner, attitude; **hacer — de** to make a move to

adormecido numbed, lulled

adorno adornment; **de —** decorative

adustez *f.* gloominess, sullenness

advertir to warn, to advise

afán *m.* eagerness, zeal

afanosamente zealously

afecto affection

aferrarse to hold to, to cling

aficionarse (a) to become fond (of), to be fond (of)

afilar to sharpen

agachar(se) to crouch, to squat, to stoop

agarrar: **— de** to seize, to grasp; **—se a** to grab hold of

agarrotar to clench, to squeeze hard; to garrote (*to strangle with an iron collar tightened by a screw*)

agitado disturbed

agobiador oppressive

agobiar to weigh upon, to depress

agobio oppression, dejection

agolparse to throng, to crowd together; to rush

agonía death struggle; agony

agonizante *m.* dying person

agostar to parch, to wither

agotamiento exhaustion

agotar to use up, to exhaust

agradecido grateful

agua: **estar bañado en — de rosas** to walk on air; to be delighted

aguamanil *m.* washstand

aguantar to endure, to last; to stand; to wait

agudeza keenness; penetration

agudo keen, sharp

agüero omen

aguijonazo sting

águila eagle

agüilla moisture, seepage

agujero hole

ahogadito dying

ahogar to smother, to stifle; to choke, to strangle; to drown; to overwhelm

ahorrar to save; **—se** to spare oneself

ahorro savings

ahuecar: **— la voz** to make one's voice deep and solemn

ahuyentar to drive off

airoso graceful

aislado isolated

ajeno: **— a** unaware, unsuspecting

ajustado fitted

ala wing

alacena cupboard, closet

alacrán *m.* scorpion

alargar to lengthen, to prolong; to hand, to pass; to stretch out; **—le a uno los dientes** to make one's mouth water

albayalde *m.* white-lead paint

albergar to shelter, to harbor

alborotado rampaging, excited

alborotar to brawl

alborozado cheered, overjoyed

alcahueta procuress, pimp

alcance *m.* reach; scope, import; **dar — a** to reach; **al — de** within reach of

alcoba bedroom

aldea village

alejado far away; **— de** far from

alejar to put away, to set aside; **—se** to move away

aleta: **— de la nariz** nostril

alfiler *m.* pin

alforja knapsack

algodón *m.* cotton

alguno: **— que otro** an occasional

aliento: **templar el —** to catch one's breath

alijo contraband

alimaña animal, beast

alisar to smooth

alivio relief

aljofaina basin

almendra almond

Almendralejo *city in the province of Badajoz in western Spain*

almíbar *m.* syrup
almohada pillow
alojamiento lodging
alojarse to lodge
alpargata hemp sandal
alternativas ups and downs (*coll.*)
alterno alternating
alto height; hacer — to stop
altura stage, point, juncture; *cap.*
   —s heaven
aludido: darse por — to take the
   hint
alumbrar to light, to illuminate
alusivo allusive, suggestive
allá: el más — the beyond (*life
   after death*); más — de beyond
ama housekeeper
amanecer to dawn
amanecida daybreak, dawn
amapola poppy
amargar to make bitter, to embitter
amargor *m.* bitterness
amargura bitterness, sorrow
amartelado in love
amasado mixed, molded
ambiente *m.* setting, locale; sur-
   roundings; atmosphere, mood
amenazar to threaten
amistad: entablar — con to make
   friends with, to get to know
amoníaco ammonia
amplio wide, broad; roomy
anca rump
anchura breadth
andadas: volver a las — to back-
   slide
andadura gait, pace
andaluz Andalusian (*pertaining to
   the region of Andalusia*)
andanzas behavior, doings, carry-
   ings-on (*coll.*)
andar: no —le muy lejos not to be
   far from it; — *m.* passing,
   movement
andén *m.* station platform
ángel *m.*: — de la guarda guardian
   angel
anguila eel
anhelante yearning
anhelo anxiety

animar to cheer up
ánimo intention
aniquilado annihilated
anonadado discouraged, crushed;
   thunder-struck
anonadar to overwhelm
anormalidad abnormality
ansia anxiety
ansiedad anxiety, anguish
anteponer to place before
apaciguar to calm, to pacify
apadrinar to sponsor, to be best
   man for
apagado dull; timid
apagarse to go out
apalear to beat, to thrash
apañar to pick up
aparecido ghost
aparentar to feign, to pretend, to
   affect
aparición appearance
apartar to put aside, to put out of
   the way; to separate
apear to dismount
apedrear to stone
apellido surname
ápice *m.* whit, bit
aplacar to calm, to ease
aplanado discouraged, dismayed;
   tranquil
aplanamiento discouragement
aplastado left speechless
aplazar to put off
aplomo self-assurance
apoderarse (de) to take possession
   (of)
apogeo peak, height
apoyar to rest; to support
aprensión apprehension, worry,
   fear
aprensivo apprehensive, worried
apresurar(se) to hurry, to hasten;
   to urge
apretado pressed; firm
apretar to quicken, to hurry (*one's
   step*)
apropiado suitable, well suited
aprovisionar to supply
apto (para) quick (to), suitable
   (for)
apuntalar to prop up

apuntar to put down (*in writing*)
apuñalar to stab
apurado needy; worried; exhausted
apurarse to worry; to hasten
apuro grief, sorrow; haste, urgency
arañar to scratch
arca chest, moneybox
arcada retching, heave
arder to burn
arduo arduous, painstaking
argumento plot
armar to start; to fix up, to set up
armario wardrobe; cabinet
arquetipo archetype, prototype
arramplar: — con to run away with, to make off with
arrancar to pull out, to pull off, to wrench
arranque *m.* liveliness; drive, vigor
arrasar to fill to the brim
arrastrar to drag along; **—se** to crawl
arrear to lay on, to whip
arrebol *m.* rouge
arreciar to become more violent; to rage
arreglar to arrange, to fix
arreglo solution; **no tener —** to be unable to be helped
arreos harness, trappings
arrepentimiento repentance
arrepentirse to repent
arriba: más — de more than, above
arriesgarse (a) to risk
arrimarse to approach, to come close; **—se contra** to huddle against, to press against
arrodillarse to kneel
arrogancia pride, arrogance
arrojar to throw; to spew, to pour
arruga wrinkle
arrugar: — el ceño to frown
arruinar to spoil, to ruin
artesa bread trough
arzón *m.* saddletree
asador *m.* spit
asadura entrails, liver
asaltar to overtake, to come suddenly upon
aseado clean, neat
asentar to note down, to record

aséptico aseptic, sterile
asesinado murder victim
asesinato murder
asesino murderer, assassin
asesorar to advise, to inform
asestar to deal (*a blow*), to aim, to let drive
aseverar to assert
asfixia suffocation
asiduamente assiduously, diligently
asiduidad diligence
asistencia attendance
asistir (a) to attend
asno ass, donkey
asomar to become visible, to begin to appear; to stick out (*e.g., one's head*); **—se** to appear, to show oneself; to peep over
asombroso startling
áspero rough
asustadizo shy, scary, skittish
atajo short cut
ataúd *m.* coffin, casket
atenerse (a) to abide (by)
atestiguar to attest (to)
atontar to stun, to stupefy; to confuse
atopar to run across
atosigar to disturb, to harass; **—se** to hurry
atraer to attract
atrasado backward
atravesar to pass through, to penetrate, to pierce; to strike down
atrevido daring
atribuir to attribute
atropellado trampled, hit, knocked down
atrozmente cruelly
atusar to smooth
aullar to howl
auxilio aid
avance *m.* progress
avecinarse to approach
aventar to fan, to air
avergonzarse to be ashamed, to be embarrassed
averiguar to ascertain, to find out
aviejado aged before one's time

avío: hacer su — to serve its purpose
avisado prudent, wise; aware
aviso notice, word; **sobre —** on guard
ayuntamiento town hall
azada hoe
azahar *m.* orange blossom
azarar to unnerve; to frighten
azaroso unfortunate
azotar to beat, to strike
azulejo tile

B

baba spittle, slobber
bachillerato bachelor's degree (*required for entrance to the university*)
Badajoz *largest province in Spain; capital of the province of the same name, located four miles from the Portuguese border*
bajo: por lo — at least
balde: en — in vain
baldón *m.* disgrace
baldosa floor tile
bálsamo balm
banda: por la otra — on the other hand
banqueta stool
banquillo little stool; scaffold
bañado: estar — en agua de rosas to walk on air, to be delighted
bañera basin
baño bath
baraja deck, pack (*of cards*)
barbaridad barbarism, awful thing (*coll.*)
barbecho fallow land
barbilampiño beardless
barca small boat
barrer to sweep away, to sweep clean
barro sediment, clay, mud; earthenware
bártulos equipment, gear
basilisco: ponerse como un — to get into a rage

bautismo baptism
baya berry
baza: meter — en to butt in
bendición blessing
benéfico charitable, voluntary
berenjenal *m.* bed of eggplant; (*coll.*) predicament, kettle of fish
bestia animal
bicho bug, vermin
bien: no — scarcely; **si —** while, although
bienes *m.pl.* property
bienestar *m.* well-being, comfort
bigote *m.* moustache
bilis *f.* bile, spleen, anger
bizcochada roll
blanqueado whitened, bleached, whitewashed
boca: no decir esta — es mía not to say a word; **de manos a —** suddenly, unexpectedly
bocado mouthful, bite
bola globe
bolsa purse, pocketbook
bolso pocketbook
bondad goodness, kindness
bondadoso good-natured, kind
borde *m.* border, edge, brim
bordear to skirt, to border upon
borra thick wool
borrar to blot out, to erase
borrón *m.* ink-blot, smudge
bota wine bag; boot, shoe
bote *m.* can, jar, pot
botella bottle
botica drugstore
boticario druggist
boyero ox driver
bozo down (*on upper lip*)
bramante *m.* twine
brasas embers, coals
braserillo small brazier
bravío fierce, wild, savage
bravo brave; angry, ill-humored
brecha opening, breach
bribón *m.* scoundrel
bribona hag, hussy
brillar to sparkle, to shine
brillo brilliance, splendor; sparkle; vividness

brindar to offer
brío spirit, determination
bronca row, wrangle
bronco harsh
brotar to appear, to issue forth
bruja witch; hag, shrew
brusco brusque, gruff
buba bubo, sore
buhardilla garret, attic
bulto bundle; **escurrir el —** to
    duck, to dodge
bullicio bustle, activity

C

cabal perfect, exact
caballería horse
cabecera headboard
caber to be contained, to be room
    for; to be possible; **no — en sí
    de gozo** to be overjoyed
cabeza: de — head first
cabezal *m.* bolster, headrest
cabezón headstrong
cabo corporal; end; **estar al — de
    la calle** to know what the
    score is, to catch on (*coll.*); **al
    — de** at the end of
cabra goat
cachas handle (*of a knife*)
cachorro pup
caer to fall; to catch on (*coll.*)
café *m.:* **— cantante** cabaret
café *adj.* light brown, coffee-colored
cafetín *m.* small coffee shop
caída fall; **la — de la tarde** dusk,
    nightfall; **la — del sol** sunset
cajón *m.* drawer; box
calcetín *m.* sock
calcular to calculate, to reckon, to
    estimate
cálculo planning, calculation, reck-
    oning
calentar to warm
calificar: — de to declare
calmoso calm
caluroso hot
calvo bald

calzado shod, with shoes on
callado quiet, hushed up
calle *f.:* **estar al cabo de la —** to
    know what the score is, to catch
    on (*coll.*)
camilla table (*with a heater under-
    neath*)
caminante *m.* passer-by
camino: — de on the way to, toward
camisa shirt; **meterse en — de once
    varas** to stick one's nose into
    other people's business
camisolina little ruffled shirt
campana chimney funnel; bell
campanada scandal
campanario bell-tower
campesino peasant
campesino *adj.* rural, country
camposanto cemetery
canalito groove
candil *m.* oil lamp
candor *m.* candor, innocence
cangrejo crab
canica marbles (*game*)
cano white, gray (*said of hair*)
cansancio weariness
cántaro jug
cantina railroad station restaurant
cantueso lavender (*plant*)
caña: — de pescar fishing rod
caño spout, jet; barrel (*of a gun*)
capellán *m.* chaplain
capítulo chapter
caprichoso fanciful
captar to capture
cara face; head (*side of a coin*);
    cruzar la — to lash in the face
carabinero revenue guard
caramba *interj.* goodness; **qué —**
    confound it
carcajada burst of laughter; **soltar
    la —** to burst out laughing
cárcel *f.* jail, prison
cardo thistle
carecer: — de to lack
carencia lack
cargante tiresome
caridad charity
caritativo charitable
cariz *m.* appearance, aspect

carne *f.* flesh, meat; — **viva** raw flesh; — **de gallina** goose pimples

carpeta folder

carraspear to cough, to clear the throat

carrera profession, career; race; **dar —s** to run about

carretera highway, road

carro cart, wagon

carroña carrion

cartera billfold

cartujo recluse, Carthusian monk (*monk of an order which lives in seclusion, praying, studying, and working*)

cascado broken, infirm

caseta small house, hut

caso: hacer — (de) to pay attention (to)

castaño chestnut

castaño *adj.* chestnut-colored, brown

castañuela castanet

catalán Catalan (*from Catalonia, region in northeastern Spain bordering on France*)

catar to taste, to sample

catire (-a) blond, light-haired

cauteloso wary, stealthy, cautious

cautivo captive

cavilar to quibble; to think about

caza hunting

cazar to hunt; to catch

cazo dipper, ladle

cegar to stop up, to block; to blind

cejar to retreat; to relax, to give way

celda cell

célebre famous

celeridad rapidity

celoso jealous

cena supper

cenar to eat supper

cencerrada charivari, shivaree (*mock serenade of discordant noises for newlyweds*)

ceniza ashes

censura censorship

centella flash (*of lightning*)

centenar *m.* hundred

céntimo centime (*hundredth part of a peseta*)

centinela *m.* sentinel

ceño: arrugar el — to frown

cera wax

cercano nearby, near

cerdo hog

cerro hill

certeza certainty

cestillo little basket

cetrino sallow

cicatriz *f.* scar

ciego: a ciegas with eyes closed

cielo: — raso ceiling

cigüeña stork

cine *m.* movies

cintarazo blow

cinturón *m.* belt

circunstante *m. and f.* bystander

citado above-mentioned

clarear to clear up, to lighten

claro clearing, opening

claro *adj.* light, transparent, light-colored; clear; **a las claras** clearly

claror *m.* light

cláusula clause

clavar to stick; to nail; to strike, to stab; to fix

clavo nail; sharp pain

clero clergy

cobarde cowardly

cobardía cowardice

cobrar to collect; to win; — **odio a** to take a dislike to

cocer to cook; to boil, to seethe

cocido stew

cocimiento concoction

cochero coachman

cochino filthy, dirty

codo elbow

coger: — el portante to leave, to go away

cojo lame

cola line, queue

colchón *m.* mattress

cólera *m.:* — **morbo** cholera morbus

colmena beehive

colmo height; limit; last straw (*coll.*)
colocación location
colonia cologne
color *m. and f.*: **dado de —** done in color
colorado red
comandante commanding
cometer to commit
comisión delegation
como as, like, such as; when; since; provided that; as it were, so to speak; more or less, somewhat; **— que** as if; **así —** something like
cómoda bureau, chest of drawers
comodidad comfort; *pl.* accommodations
cómodo comfortable
compartir to share
compasivo compassionate
complacer to oblige; to accommodate; **—se en** to take pleasure in
complejo complex
componente *m.* ingredient, element
comportamiento behavior
compostura composure
comprensivo understanding
comprometer to compromise
conceder to accord, to confer
conde *m.* count
condena sentence
condenado damned, doomed
conejo rabbit
confiar (en) to trust (in); **—se** to be confident, to be trusting
confuso confused
congoja anguish, grief
conquistar to conquer, to win over
consciente conscious
consecuencia conclusion; consequence
consejero counselor
consentidor acquiescent, yielding
consideración esteem
consuelo comfort, consolation
contagiar to infect
contener to curb, to contain, to hold back
contenido contents

contiguo adjoining
continuación: a — below, later on
contrabandista *m.* smuggler
contradecir to contradict
contrapelo: a — de against
contrapeso counterbalance
contraposición: en — de as contrasted with
contrariar to thwart, to oppose
contrariedad inconvenience, disappointment
contribuir to contribute
contrincante *m.* opponent
conveniente suitable
convenir to be fitting, to be proper
convergente convergent, similar
convidar to invite
copa glass, wine glass
copla popular song
coraje *m.* anger, fury
corazón *m.*: **hacer de tripas —** to pluck up courage
corazonada hunch, presentiment
corbata necktie, cravat; scarf
cordel *m.* cord, string
cordero lamb
cornudo cuckold
coro: hacer el — a to echo
corral *m.* barnyard
corregir to correct
correspondiente own, respective
corretear to run around; to race around
corrido fluent
corriente current; ordinary
cortado proportionate, regular; jerky
cortar to stop; to cut; to cut short; **— por lo sano** to use desperate remedies; to take drastic measures
cortijo farm, farmhouse
Coruña *see* **La Coruña**
corza roe deer
cosa: no querer la — not to care
cosechar to gather
costado side
costillar *m.* ribs
cotidiano daily
creador creative

creces *f. pl.*: **con —** and then some, with interest (*coll.*)
creciente growing, increasing
creencia belief
cría young, litter
criar to produce, to constitute; to grow; to nurture; **—se** to grow up
criatura baby; creature
cromo picture
cruce *m.* crossroads; crossing
crucifijo crucifix
crujir to creak
cruz *f.* cross; tails (*of a coin*)
cruzar: — la cara to lash in the face
cuadra stable
cuadrado rectangular; square
cuadrar to fall (*said of a day*)
cuajo: de — by the roots
cuando: — menos at least
cuanto: en — as soon as; whenever; **en — a** as for
cuarentón *m.* forty-year-old
cuartilla sheet (*of paper*)
cuarto: echar su — a espadas to butt in; **—s** cash, money
cuchichear to whisper
cuchilladas fight
cuchillo knife; **— de monte** bowie knife, hunting knife
cuenta: darse — de to realize, to understand; **tener en —** to take into consideration
cuento: venir a — to be opportune; to be called for
cuero hide, skin
cuervo raven, crow
cuesta: a —s on one's shoulders
cuidadoso well-cared-for; careful
culebra snake
culera seat, bottom (*of a chair*)
culpa: echar la — to blame
culpabilidad guilt
culpar to blame
cultivo cultivation
cumbre *f.* peak, height
cumplir (con) to fulfill (*a duty or promise*)
cuneta culvert, ditch
cupiera *past subjunctive of* **caber**
cura *m.* priest

CH

chaleco vest
charca pool
charco ocean (*coll.*)
charla talk, chatting
chicharra locust
chimenea fireplace, chimney
Chinchilla [de Monte Aragón] *city in the province of Albacete in southeastern Spain*
chirriar to creak
chispa spark
chistoso wit, clown
chocar to collide; to conflict
choque *m.* clash, conflict
chorizo sausage
chorro stream, spurt
choza hut, cabin
chuchería trinket, knick-knack
chulería bragging, hot air (*coll.*)
chulo pimp
chumbera cactus, prickly pear
chupado skinny

D

daga dagger
daño: hacer — a to hurt; to displease
dar to give; to hit, to strike; **— con** to hit; **— de comer** to feed; **— en** to be bent upon, to be given to; to tend to; **—le a uno por** to feel like; to happen to; **—le a uno que** to cause to; **—se por** to consider oneself
dato datum, information
deber *m.* duty
debido just, proper, reasonable; **— a** owing to
debilucho very weak, sickly
decaer to fail
decantar to exaggerate
decidido decisive, determined
decidor fluent, witty
defensor *m.* attorney, counsel for the defense

definitivamente definitively; for good and all (*coll.*)

degenerar to degenerate

degolladero slaughterhouse

delante: por — ahead (*of one*)

delgado slender

delito crime

demente insane, demented

demora delay

departamento compartment (*of a train*)

depravación depravity

depurado purged

derecha: a —s right, rightly

derecho law; right

derribar to fell; to throw to the ground

derrota defeat

derrotado defeated

derrotero route, course

desabrido unpleasant, surly

desacuerdo disagreement

desaliento discouragement

desamparado abandoned

desandar to retrace, to go back over

desarrollarse to develop

desarrollo development

desasosiego worry, anxiety

desazón *f*. disgust, dissatisfaction

desazonado troubled, out of one's element

desbocado runaway (*horse*)

descabalgar to dismount; to throw, to unseat (*from a horse*)

descalabrado madman, loony (*coll.*)

descalabrado *adj.* stunned

descalzarse to take off one's shoes

descalzo barefoot

descaminado misled, off the track

descanso relief, rest

descargar to ease

descaro impudence, sauciness, boldness

descarriado lost, erring, wayward

descartado out of the question

descifrar to decipher

descomponer to disturb, to unsettle; **—se** to break down

desconchado chip

desconocedor unknowing, ignorant

desconocido stranger

descreído unbeliever

descubrirse to take off one's hat

descuido carelessness

desdicha misfortune

desdichado unfortunate

desechar to dismiss

desempeñar: — un papel to play a rôle

desencadenar to unleash

desencajado contorted (*said of the face*)

desengaño frustration, disillusionment

desenlace *m*. outcome, denouement

desenrollar to unwrap, to unwind

desenvainar to unsheathe

desequilibrado unbalanced

desesperanza hopelessness, despair

desfallecer to faint away; to weaken

desfallecimiento weakness, faint-heartedness

desgaire *m*.: **al —** carelessly, scornfully

desgracia misfortune

desgraciado wretched, unfortunate

desgraciarse to come to grief, to be maimed

deshabitar to desert, to abandon

desistir: — de to give up, to decide against

deslavazado weak, lifeless

desligado disconnected

desmañado bungled, clumsy, awkward

desmayarse to faint

desmelenado disheveled

desmerecer to compare unfavorably

desnudo bare, nude, naked

desollado skinned, flayed

desorientar to confuse

despacioso sluggish, slow

desparpajo pertness, impudence

despedir to emit, to give off

despegado unpleasant, bad-tempered

despegarse (de) to get loose, to leave; to rise, to detach oneself (from)

despego detachment
despejado unobstructed
despejarse to clear, to settle
despensa larder, provisions
despeñadero cliff, precipice
desperdiciarse to be wasted
despiadado cruel, relentless
despreciar to scorn
desprender to give off, to emit
destacarse to stand out
destemplar to disturb, to put on edge
destinar to allot
destino destination; destiny, fate; job, position
destreza dexterity, expertness
destrozar to destroy, to kill; to break; to shatter
desusado unheard-of, unparalleled
desventura misadventure
desviar(se) to change, to deviate
detallado detailed
detalle *m.* detail
determinado specific
deuda debt
devanar to unwind, to reel off
devaneo flirtation
devastado devastated
día *m.*: de — daytime; **hoy (en)** — nowadays, the present time
diablo: darse a todos los —s to become furious
dibujo design; sketch, drawing
dicha happiness
dichoso happy, glad, pleased
diente *m.*: **alargarle a uno los —s** to make one's mouth water
diferir to postpone
difunto dead, deceased
dignarse to deign
director *m.* warden
disculpa excuse, apology
disculpar to excuse
discurrido invention, tale
discurrir to think, to reason; to contrive; to ramble, to flow
discutir to argue, to discuss
disfrutar (de) (en) to enjoy
disgusto sorrow, grief; unpleasantness
disimular to conceal

disminuir to diminish
disolvente demoralizing
dispar disparate, unlike
disparar to shoot, to fire
dispensar to excuse
disponer to decree; to arrange
dispuesto *past participle of* **disponer**
distraer to amuse, to entertain
distraído distracted, absent-minded; unheeding
divertido amusing, funny
doblar to fold
doler to hurt, to pain
dolido aching; grieving, in pain; **lo —** the painful area, the hurt part
doliente mournful
doloroso painful, sorrowful
dominio control
don *m.* gift
donaire *m.* cleverness
Don Benito *city in Badajoz province*
dondequiera wherever
dorado golden, gilt
dormitar to doze
dotado (de) endowed (with), gifted (with)
dudar: a no — doubtless
dudoso doubtful
duelo bereavement, funeral
duro *Spanish coin worth five pesetas*

E

echar to throw; to cast off, to get rid of; to give (*a blessing, etc.*); to mate (*male and female animals*); — **de menos** to miss; **—se** to lie down, to stretch out; **—se a** to start to, to begin; **—se a un lado** to step aside, to move aside
edad *f.*: **corta** — early age, tender years
edificante edifying
editorial *f.* publishing house

efectivamente as a matter of fact
eficaz effective
ejecución execution
ejemplar *m.* copy (*of a work*)
ejemplar *adj.* exemplary
ejercitar to use, to exercise
Eldorado *legendary place where gold and riches are said to abound*
elegir to choose, to elect
embarazada pregnant
embarazo pregnancy
embellecer to embellish, to beautify
embobado (con) hypnotized, enchanted (by)
emborronar to scribble
embozo top of sheet
emocionado moved
empapar to saturate, to soak
empaque *m.* appearance
empeñarse (en) to insist (upon)
empírico empirical (*refers to the drawing of conclusions on the basis of experience*)
emplazar to set (*a date*)
empleado employee, clerk
empleo use
empobrecimiento impoverishment
emprender to undertake; **—la** to squabble
empujón *m.* push, rapid progress
encaje *m.* lace
encamar to take to bed
encargar: —se de to take upon oneself
encargo charge, commission
encarnado red
encarrilar to direct; to guide, to bring up
encerado blackboard
encierro prison, confinement, imprisonment
encina oak
encinta pregnant
endemoniado possessed of the devil
enderezar to punish, to straighten out
endiablado ugly, devilish
endiñar to challenge, to provoke

endurecido hardened
enfangado sunk, muddied, steeped
enfermizo unhealthy, tainted
enfilar to go down, to go up (*a road*)
enflaquecer to grow thin
enfocar to focus
enfrascado engrossed
enfrentar: —se con to face, to confront
enfriado cold
enfriarse to cool off
enfurecer to get mad, to become enraged
engordar to grow large, to grow fat
enjaezar to harness
enjalbegar to whitewash
enloquecer to madden, to craze
enlutado dressed in mourning
enmarañado tangled
enmarcado framed, set
enrollar to roll up
enroscado coiled
ensayo essay
ensillar to saddle
entablar: — amistad con to make friends with, to get to know
entenderse (con) to get along (with)
enterado aware
enternecer to soften, to melt (*a heart*); to move to pity
entero pure, virgin; whole, entire
entierro funeral, burial
entonces: por — at that time; **por — acá** since then, since that time
entontecido stupefied, muddled
entornar to half-close (*one's eyes*)
entrañas entrails; heart, feeling
entreabierto half-open
entregarse to give up, to surrender
entrelazar to interlace, to intertwine
entretener to entertain
entretenido occupied, busy; enjoyable, entertaining
entrever to glimpse, to divine
entristecido saddened
enumerar to enumerate

envalentonarse to pluck up one's courage

envenenar to poison, to embitter; **—se** to become bitter

envergadura breadth, compass

envidia envy

envuelto involved

equilibrio balance

equipaje *m.* baggage, luggage

era age, era

erial *m.* unplowed land, uncultivated land

ermita hermitage

ermitaño hermit

errar to err, to be mistaken

esbelto slender, graceful

escandalera commotion, excitement

escandalizar to shock

escándalo scene (*coll.*)

escapar to run away; to escape

escarmiento warning, caution

escasez *f.* scarcity

escaso scant, scarce

esclarecer to enlighten; to make clear, to clarify; to explain

esclavo slave

escocer to smart, to sting

escopeta shotgun

escoria refuse, dregs

escritor *m.* writer

escrúpulo scruple, qualm

escrupulosamente conscientiously, scrupulously

escrutador searching, penetrating

escudo coat-of-arms

escupir to spit, to sputter

escurrir(se) to slip, to slide (away); **— el bulto** to duck, to dodge

esforzarse to struggle

esmero care

esmirriado emaciated, thin

eso: a — de about; **por — de (que)** because

espada: echar su cuarto a —s to butt in

espalda: de — on one's back

espantar to frighten; to astonish; to shock

espanto fright, fear, dread

espantoso frightful, dreadful, horrible

esparramar (*coll.*) to spread

Espartero *nickname of Manuel García y Cuesta (1866–1894), popular bullfighter from Seville*

espejo mirror; **luna de —** plate-glass mirror

espera waiting

espiar to spy on, to watch

espigado tall

espina thorn; **dar mala — a** to worry, to make anxious

esponjarse to puff up, to fluff up

esposa wife

espuela spur

esqueleto skeleton

esquilón *m.* large hand bell

estampar to set down

estancia stay

estanque *m.* pond, pool

estar: — en to agree; **— por** to be about to, to be inclined to

estatua statue

estercolero dunghill

estética aesthetic, artistic credo

estiércol *m.* dung, manure

estilizado stylized

estío summer

Estirao = Estirado Stretch, Stuck-up (*nicknames*)

estornino starling

estrechar: — la mano a to shake hands with, to grasp the hand of

estremecer to shudder

estremecimiento shudder, shiver

estrepitosamente boisterously, noisily

estribillo refrain

evolucionar to evolve, to develop

excederse to outdo oneself (in)

excluir to exclude

exhortación admonition

exigencia demand

exiguamente sparsely

exponer to express; to expose; **—se a** to run the risk of

extender: —se por to pervade

extensión range, extent

extrañeza wonder, surprise; strangeness

Extremadura *region in western Spain bordering on Portugal*
extremo end

F

fábrica factory
fabricar to manufacture, to make
Facultad de Filosofía y Letras School of Philosophy and Letters
facha: ponerse en — to get ready
fachada façade, front
faena chores, tasks; work
fajo bundle
falsete falsetto
falta: hacer — to need; to be necessary
fallo error, miscalculation
fama: es — it is said, it is rumored
familiar *m.* relative, member of the family
fantasma *m.* ghost
fantoche *m.* puppet
fardo bundle, bale, package
farol *m.* lantern
fastidiado vexed, annoyed, disgusted
fatal unavoidable; fatal
fatalidad inevitability; fate
fe *f.*: **dar —** to attest, to certify; **a —** in truth
fealdad ugliness
fecundar to make fertile
fecundo prolific
fecha: por aquellas (estas) —s at that (this) time
felicitar to congratulate
feria holiday; **de la —** fancy
fermento leavening, yeast
ferrocarrilana railroad
fiarse (de) to trust (in)
fiebre *f.* fever
fiero fierce
figuración supposition, imagining
figurar to represent, to depict; **—(se)** to imagine
filosofar to philosophize
filosofías philosophizing
fin *m.*: **a — de** in order to

finca estate
fingido false; pretended
fino delicate, fine
firmamento firmament, heavens
firmar to sign
flaco weak
flamenco tough
flaqueza weakness
flauta flute
flojo weak
floreado flowering
florecer to flourish, to flower
fondo bottom; background
forastero outsider, stranger; newcomer
forcejear to struggle; to contend, to argue
forma: de — que so that
formas politeness
forzar to strain, to force
forzoso necessary; unavoidable
fosa grave
frasca bottle, flask
frasco bottle
frenarse to slow down
frenesí *m.* frenzy
frente *f.*: **hacer — a** to face
frío: en — in cold blood, objectively
fructificar to make fruitful
fu *interj.*: **ni — ni fa** neither one way nor the other
fuego: romper el — to open fire
fuera: por — on the outside
fuerza: a — de by dint of; **a la — de** by force, perforce, as a matter of course; **sin —** lifeless
fuga flight
fumar to smoke; **papel de —** cigarette paper
función: en — de que in the sense that; insofar as
funcionar to work, to function
funesto fatal; dark, ill-fated

G

gacho bowed, drooping
galán *m.* fine-looking fellow
gallardo graceful, elegant

gallego Galician, inhabitant of Galicia (*region in northwestern Spain*)

gallina chicken, hen; **carne de —** goose pimples

gallo cock, rooster; **— cantor** crowing rooster

gana: darle a uno la — (de) to feel like

ganado: — lanar sheep

ganar to gain; to win; to earn; to outstrip, to win out over

garganta throat

garza heron, crane

gato: — montés wildcat

gavilán *m.* sparrowhawk

gaznate *m.* gullet, throat

gemir to moan

género genre

genio disposition, nerve; temper

geranio geranium

gesto expression, look

Giralda *Moorish tower in Seville constructed in 1196 as part of a mosque; now the belltower of the Cathedral*

girasol *m.* sunflower

giro turn

gitano gypsy

gobernador *m.* governor

golfo ragamuffin (*of Madrid*)

golondrina swallow

golpe *m.:* **— de tos** fit of coughing

golpear to beat, to pound; to strike

gorra cap

gota drop

gozar *m.* joy, pleasure

gozo joy; **no caber en sí de —** to be overjoyed

gozoso glad, joyous; **— de** enjoying

grabado engraved, carved

gracia charm, grace; joke; **tener —** to be funny, to be amusing

gracioso amusing, funny

grajo crow, rook

granada pomegranate

granja farm

grasiento greasy

gratuito gratuitous, free

griego Greek

grillo cricket

grima: dar — a to annoy, to get on the nerves of

gris gray

grito: a — pelado with great shouting; **a —s** at the top of one's voice, shouting

grueso thick; stout, heavy

grupa croup, rump (*of a horse*)

Guadiana *m. river flowing from the central plateau in Spain south along the Portuguese border and into the Atlantic*

guapote pretty

guarda: ángel de la — guardian angel

guardar to keep; to remember; to hold

Guardia Civil Civil Guard (*Federal police entrusted with preservation of public order*)

guarecerse to take shelter, to take refuge

guarro hog

guerrero warrior

guijarro pebble, stone, rock

gusto choice; pleasure; taste

H

hacer to do; to make; to play the part of; **— de** to act as; **— de las suyas** to be up to one's old tricks

hado fate

hambriento hungry, starving; (*coll.*) good-for-nothing

hartarse to be satisfied, to be filled; to be tired, to be bored

hazaña deed, exploit, feat

hebillazo blow with a buckle

hebra fiber, thread

heder to stink

heliotropo heliotrope

hembra female

heredar to inherit

herencia heredity

herida wound

ßerir to wound, to strike; to hurt
hermanastra stepsister, halfsister
Herodoto Herodotus (*Greek historian of 5th century B.C.*)
hiel *f.* gall, bitterness
hielo ice
hiena hyena
hierba = **yerba**
hierbabuena mint
hiere *present indicative of* **herir**
hierro iron; weapon; — **de marcar** branding iron
higo fig; **pan de** — fig cake
hila lint (*scraped linen for dressing wounds*)
hilo thread, thin stream
hincapié *m.*: **hacer** — to take a firm stand
hiriente cutting, offensive
hirsuto bristly, shaggy
hocico snout, nose
hogar *m.* fireplace, hearth
hoguera bonfire
hoja leaf; sheet (*of paper*); blade
hombre *m.*: **de** —**s** manly, fitting for a man
hombría manly strength
hongo mushroom
honradez *f.* honesty
hosco sullen, gloomy
hostia Host, communion wafer
hoy: — (**en**) **día** nowadays, the present time
hoyo hole; grave
huella mark, impression
huérfano orphan
huésped *m.* guest; host
huída flight
huído fugitive, fleeing
humedad dampness
húmedo damp, moist
humildad humility
humo smoke
humor *m.* humor; disposition; mood
hundir to indent, to hollow; to sink, to penetrate; to plunge; to destroy
húngaro gypsy
huraño aloof, snappish
hurtadillas: a — on the sly

I

ida departure
idioma *m.* language
ignorado unknown
ignorar not to know
ilusión pleasure; dream, hope; illusion
impacientarse to grow impatient
implantar to introduce
importe *m.* value, amount
imprenta: dar a la — to publish
impreso printed, published
impulsar to impel
imputación imputation, accusation
inaudito extraordinary, very great
incansable tireless, indefatigable
incapaz incapable
incendio fire
incitar to spur on, to incite
incluir to include
incluso even, including
incomodado angered, annoyed
inconexo unconnected, unrelated
inconstancia inconstancy
inconveniencia impropriety, insult
incordiar to bother, to inconvenience
incorporarse to sit up
incrementar to increase
incubar to brew, to incubate
indefectiblemente infallibly
indefenso defenseless
indulto pardon, indulgence
industriarse to manage, to find means
ineficaz ineffectual
ineludible inescapable
inesperado unexpected
infanta princess
infierno hell
influir (en) to influence
informe *m.* report, notice; *pl.* information
infructuosidad sterility, unfruitfulness
infructuoso sterile, unproductive
Inglaterra England
ingrato thankless, ungrateful
ingresar (en) to enter

L

innegable undeniable
inquietud restlessness
inseguro insecure
insigne famous, noted, renowned
insistente obstinate, constant
insolación sunstroke
instruído well-educated
intención: de segunda — underhanded, having a double meaning
intencionado pointed
intentar to attempt, to try
intento attempt
interrogatorio interview, formal questioning
inundación flood
inverosímil unlikely, improbable
ira anger
itinerario itinerary, schedule

J

jabón *m.* soap
jara rockrose
jaral *m.* thicket, bramble, growth of rockrose
jarra pitcher, jug, jar
jarrón *m.* vase
jergón *m.* straw mattress
jesuíta *m. Jesuit (member of the religious order of the Society of Jesus)*
jilguero goldfinch, linnet
jinete riding
jornada day
joya jewel
jubiloso jubilant, joyous
juerga spree, binge
juez *m.* judge
juguetear to toy
Juicio the Last Judgment
juncal slender, elegant
juntarse to gather, to join, to meet
juntillas: a pies — firmly
justicia: tomar la — por su mano to take the law into one's own hands
justo: lo — just enough

labrado carved
labrador *m.* farmer
labranza work, farm work
labrar to work
lacio lank
La Coruña *important Atlantic port in northwestern Spain*
ladeado tilted
ladino sly, cunning, crafty
lado: echarse a un — to step aside; **por un —** on the one hand
ladrón thieving
lagarto lizard; *(coll.)* sly fellow
laguna lagoon; gap *(in a book)*
lamer to lick
lamido prim, formal
lana wool
lanar: ganado — sheep
larga: dar —s a to postpone, to put off
largo: pasar de — to pass without stopping; **a lo — de** throughout, along
largura length
lastre *m.* weight, ballast
lata tin can
latente latent, dormant, concealed
latido heartbeat
La Vecilla [de Curueño] *village in the province of León in northwestern Spain*
lazada bowknot
lector *m.* reader
lectura reading
lechuza owl
legar to bequeath
legua league *(distance of about three miles)*
lejos: no andarle muy — not to be far from it
lelo simple, stupid
lengua: tirar de la — to draw out
lenguaje *m.* language
lentitud slowness
lento slow
León XIII *Gioacchino Pecci (1810–1903), Italian reformer and hu-*

*manitarian who served as pope
from 1878 to 1903*
leona lioness
leontina watch chain
lepra leprosy
leproso leprous, leper
letanía litany, chorus (*of prayers*)
letra handwriting; letter
levante *m.* east
levemente slightly
liarse to be involved, to be embroiled; to join together
lib(e)rar to free, to come off; to spare; —se to escape
licenciado licentiate (*person with a license to practice a profession; possessor of a degree roughly equivalent to the Master's degree*)
licenciamiento discharge, parole
licenciarse to receive a degree, to be graduated
limar to polish, to gnaw
limbo limbo (*region in netherworld where dwell souls unable to enter heaven through no fault of their own*)
lince *m.* lynx
línea: de la — regular (*mil.*)
lino linen
liso smooth, dull
listo ready
lisura dullness, smoothness
litro liter (*about one quart*)
liviano slight, slender
lobo wolf
lóbrego gloomy
localidad locality, setting, locale
locura madness, insanity
lodazal *m.* bog, mire
Londres London
loquear to go crazy
losa flagstone
loza crockery, dishes
lozanía luxuriance, verdure; vigor, exuberance
lozano luxuriant; vigorous, full of life
lucero star
lucidez *f.* lucidity
lucido magnificent, sumptuous

luchar to struggle, to fight
lugar *m.*: **dar — a que** to give reason for
lugareño village
lujuria lust, lechery
lumbre *f.* fire
luna: — de espejo plate-glass mirror; **— de miel** honeymoon
luto mourning
luz *f.*: **ver la —** to appear; **traje de luces** bullfighter's costume

LL

llama flame
llana: a la pata la — easily, without a second thought
llanada plain
llano plain
llanto weeping, wailing
llanura plain
llevadero bearable
llevar to take, to carry; to wear; to lead; to spend (*time*); —se **mal** not to get along
lloro weeping, wailing, squalling
lloroso tearful
lluvia rain

M

maceta flowerpot
macilento withered
machacar to crush, to pound
macho male
machorro barren, sterile
madeja mass of hair
madero beam, log
Madrid *capital and largest city of Spain*
madrileño inhabitant of Madrid
madrina bridesmaid, sponsor
madroñera arbutus (*tree with red berries*)
madrugada dawn
madrugar to get up early in the morning

Magacela *town in Badajoz province 33 miles east of Mérida*
magín *m. (coll.)* mind
maíz *m.* corn
maldad wickedness, evil
maldecir (de) to curse, to speak ill (of)
maldición curse
maldito damned, wicked
maleta suitcase
maligno evil; unkind, cruel
malograr to miscarry, to come to naught
maloliente stinking, evil-smelling
malquerer to dislike
maltratado mistreated
malva mallow (*plant with purple flowers*)
malvado evil, wicked
Mallorca *largest of the Balearic Islands in the Mediterranean off Spain's east coast*
mamar: dar de — to nurse
manantial *m.* spring
manar to pour forth, to run; to flow
manchego Manchegan (*pertaining to La Mancha, monotonous and arid plateau in central Spain*)
mandamiento commandment
mandato command, order
manejo handling
mano: echar — de to grab, to take hold of; **estrechar la — a** to shake hands with, to grasp the hand of; **tomar la justicia por su —** to take the law into one's own hands; **llegar a las —s** to come to blows; **de —s a boca** suddenly, unexpectedly
manotada kick
mansedumbre *f.* meekness, gentleness
manso meek, mild
manta blanket
manteca butter
mantenido continuous
manzana apple
manzanilla manzanilla wine, dry sherry wine
maña bad habit, cunning

mañana: pasado — day after tomorrow
máquina: escribir a — to typewrite
marcar: hierro de — branding iron
marcial dignified, martial
marear to nauseate, to make dizzy
mareo dizziness
margarita daisy
marica *m.* sissy
marinero sailor
mariposa butterfly
martirio martyrdom
más: a — de in addition to; **de —** unfitting, out of place; **por — que** no matter how much; **sin — ni —** suddenly
máscara mask
mata bush; sprig, branch; head, crop (*of hair*)
matadero slaughterhouse
matalón skinny and full of sores
matanza bloodshed
matiz *m.* nuance, shade
matorral *m.* thicket, underbrush
matricularse to enroll
máximo greatest
mayor: de — as an adult, when grown up
mayoría majority
mecer to shake, to rattle
mecha wick
mediado: a —s de about the middle of; **—s de** mid-
medida measure, step
medio: en — de in spite of; **por en — de** in between
medio *adj.* half
medio *adv.* somewhat, sort of
medir to measure, to gauge
mejilla cheek; **— honda** hollow cheek
mejor: a lo — like as not, probably
memo foolish, silly
menester *m.* occupation, job, task
menos: a — que except, unless
mentar to name, to mention
menudo small; **a —** often
merecer: — la pena to be worthwhile
Mérida *old city situated on the Guadiana River; commercial*

center of the province of Badajoz; noted for its Roman ruins,
among them a bridge, a circus,
an amphitheater, etc.

mermar to decrease
meta goal
meterse (a) to take it upon oneself (to)
mezcla mixture
mezquino meager, small
miedo fear; **dar —** to frighten
miel *f*.: **luna de —** honeymoon
mientes *f. pl.* mind; **venir a las —**
to occur to, to come to the mind
of
mies *f*. grain, harvest
milagroso miraculous
millar *m*. thousand
mimar to fondle; to spoil
mimbre *m*. wicker, cane
mimo fussiness, finickiness
minado destroyed, sapped
mirar to gaze; to look at; to consider
mirlo blackbird
misantrópico misanthropic, hating
mankind
mismamente exactly, even, for all
the world (*coll*.)
mismo *adv*. exactly, even
mística mysticism
mobiliario furnishings
moceril youthful
modales *m. pl.* behavior, manners
modo: en — alguno in no way
mojar(se) to (get) wet
moler to grind; to chew up; to wear
out
molesto bother
molido exhausted, worn out
monaguillo altar boy, acolyte
moneda coin
monedero moneybag
monja nun
monstruo monster
montaraz wild, untamed
monte *m*. woods; mountain; **cuchillo de —** bowie-knife, hunting knife
montón *m*. pile, heap; crowd
moño knot, bun (*of hair*)

moquillo distemper
mor *m*.: **por — de** because of, for
the sake of
morado purple
moraleja moral
morcilla blood sausage
morcón *m*. blood sausage
morder to bite
mordisco bite
moreno dark, swarthy
moribundo moribund, dying
morriña homesickness, blues (*coll*.)
mosca fly
mostaza mustard powder
mozo: de — as a boy
muda change, move
muelle *m*. dock, wharf
muestra sign, indication
mulero muledriver
mullido soft, fluffy
mundial worldly, world
murmuración gossip, gossiping
muro wall
mutilado cut short

N

nácar *m*. mother-of-pearl
nacido: de bien —s proper, well-
bred
nadar to swim
nalga buttock, rump
naranja orange
natural *m*. nature
navaja knife
navajazo slash
Navidad Christmas
nazareno processionist in Holy
Week
negruzco blackish, dark
neutro neuter
nicho cell
nido nest
niebla mist, fog
nieto grandson
niñez *f*. childhood
nivel *m*. level
nogal *m*. walnut
nombre *m*.: **mal —** nickname

noroeste *m.* northwest
novia bride; sweetheart
novicia novice (*eccl.*)
novillero apprentice bullfighter; semi-professional bullfighter
nublar to cloud
número number; member (*of low rank in the Civil Guard*)

O

obcecar to blind
objeto object; purpose
oblicuo oblique, slanted
obrero workman, laborer
obsequiar to treat, to court favor
obstante: no — notwithstanding; nevertheless
ocasionar to cause, to bring about
ocio idleness, leisure
octavo eighth
ocultar (a) to hide (from)
ocurrencia thought, notion; bright idea
ochavo *small brass coin*
odiar to hate
odio hatred; **cobrar — a** to take a dislike to
odioso hateful
oficio profession, trade; business; position; **vestir el —** to look the part; to dress to fit the job; **por — de** through the efforts of
oída: de —s by hearsay
ojeras rings under the eyes
ojo: no pegar — not to sleep a wink
oler (a) to smell (of)
olfato scent; instinct; sense of smell, nose
olivar *m.* olive grove
olivo olive tree
ológrafo holographic (*referring to a document wholly in the hand-writing of the purported author*)
olor *m.* smell, odor; scent
olvidadizo forgetful

olvido forgetfulness; **echar en el —** to forget
optar (por) to decide in favor (of); to choose (to)
opuesto opposing, opposite
ora: — ... — now ... now
ordenar to arrange, to put in order
orgullo pride
orgulloso proud
orilla bank, shore; **— de** beside
orina urine
ortiga nettle
ortografía orthography, spelling
osario charnel-house, mortuary
otorgar to execute (*a will*)
oveja sheep

P

pabellón *m.:* **— de reposo** rest home
padecer to suffer
padrenuestro Lord's Prayer, Our Father
pago payment
paisaje *m.* landscape
palabrería wordiness
paladar *m.* palate
paliza beating
palmada slap; *dimin.* pat
palo stick
paloma dove, pigeon
palomar *m.* pigeon-coop, dovecot
palomo pigeon
pan *m.:* **— de higo** fig cake; **— de puerco** cyclamen, sowbread
pana corduroy
pandereta tambourine
papa *m.* pope
papagayo parrot
papel *m.:* **— de fumar** cigarette paper; **desempeñar un —** to play a rôle
papeleo looking over papers
paquete *m.* package, packet
par *m.* **de — en —** wide open
parado standing still; stunned
parco economical, sparing
parecer *m.* opinion; **al —** apparently

parecido likeness, similarity
parecido *adj.* similar
pareja couple; pair of policemen
parentesco relationship, family tie
parir to give birth, to deliver
párpado eyelid
párrafo paragraph
párroco *adj.* parish
parroquial *f.* parish church
parsimonia: con — carefully
parte *f.*: **— ofendida** plaintiff, offended party; **de otra —** on the other hand; **por otra —** on the other hand
partera midwife
particular: tener de — to be unusual
partidario partisan, partial
parto labor, delivery (*at childbirth*); **estar de —** to be in labor
pasar to undergo, to go through; to suffer; to pass; to happen, to take place; to come in; to spend (*time*)
paseo promenade, boulevard
pata leg (*of furniture*); paw, foot (*of animal*); hoof; **a la — la llana** easily, without a second thought
patada kick
patalear to kick about violently
patear to rage
patente evident, clear
patentizar to evince, to make evident
patíbulo scaffold
patita: poner de —s en la calle to bounce (*coll.*), to throw out
patricio patrician, aristocrat, noble
patrona patron saint
pavía peach
pavimento floor, flooring
pecado sin
pecador sinful
pecar to sin; **— de** to be too
pedernal *m.* stone, flint
pedero foot-and-mouth disease
pedir: — prestado to borrow
pegajoso sticky
pegar to stick, to fasten, to strike

peinador *m.* dressing gown
pelambrera mass of hair
pelea fight
peluche *m.* plush
peludo hairy
pelusa down, fuzz
pena: merecer la — to be worthwhile; **ser una —** to be a pity
penal *m.* penitentiary
pendenciero quarrelsome
penitencia penance, penitence
pensado: mal — evil-minded
pensador *m.* thinker
pensativo thoughtful
pequeño: de — as a child, when small
percal *m.* percale, cotton cloth
percatarse (de) to be aware (of)
perder to lose; to mislead, to lead astray
perdigonada bird-shot wound
perdiguero partridge-hunting
perdiz *f.* partridge; **andar a la —** to go partridge-hunting
periódico newspaper
perra female dog, bitch; penny, coin
perseguir to pursue
personal *m.*: **corto —** small numbers
perspectiva outlook
pesadilla nightmare
pesar *m.* grief, sorrow
pesaroso sorrowful, regretful, contrite; heavy
pesca fishing
pescado fish
pescar to fish; **caña de —** fishing rod
pesebre *m.* manger
peseta peseta (*Spanish monetary unit*)
petulancia flippancy
pez *m.* fish; *f.* tar
pezón *m.* nipple
picar to prick, to bite; **—se** to take offense
picaresca dishonesty, villainy
picaresco: novela picaresca picaresque novel (*a form of narrative that recounts the adven-*

tures of a rogue in the service of a variety of masters)

pichón *m.* young pigeon
pie *m.*: **dar — a** to give encouragement; **ponerse de — to** stand up; **a — on** foot; **de —** standing; **a —s juntillas** firmly
piedad pity
pila font, basin
pillo rascal, hoodlum
pimiento pepper
pintoresco picturesque
pintura paint; **no poder ver ni en — to** be unable to stand the sight of
piña group, cluster
pío: no decir ni — not to make a peep, to say nothing
pique *m.*: **estar a — de to** be on the verge of, to be in danger of
pisada footstep
pisar to pack down, to tamp; to step (on), to tread
pitillo cigarette
pizpireta lively, smart (*woman*)
placentero pleasant, agreeable
planicie *f.* plain
planta sole (*of the foot*)
plantado composed; stable, steady
plantear to pose
pleito dispute
pleno full
plumón *m.* down, plumage
poblado village
poblar to fill; to populate
poda pruning
poder *m.* vigor; power
poder: — más to be stronger
poderío power
podrido *past participle of* **pudrir**
polémica polemic, controversy
polvareda cloud of dust, disturbance
polvillo dust
poner: —se de pie to stand up
poniente *m.* west
pórlan *m.* (Portland) cement
portal *m.* doorway
portante *m.*: **coger el — to** leave, to go away
portarse to behave

porte *m.* behavior, conduct
posada inn
posarse to alight, to settle
posible: en lo — as far as possible
posterior following; **— a** after
postura pose
pozo well
pradera meadow
preciado valued, esteemed
precipitación speed, suddenness
precipitar to start, to bring on
predominar to dominate
pregón *m.* announcement, proclamation
premiar to reward
preñada pregnant
preocupación worry; preoccupation, concern
preocupar(se) to worry
presa: hacer — en to grab, to get hold of
presagio omen, presentiment
presbítero presbyter, priest
presencia appearance
presenciar to witness
presidio penitentiary
preso prisoner, prey
prestado: pedir — to borrow
prestancia jauntiness
prestar: — un mal servicio to do a disservice
presto quick
presumido presumptuous, cocky, conceited; pert, perky
pretensión claim
prevaleciente prevailing, prevalent
prevenir to prepare
previsto foreseen
prieto firm
primor *m.* care, beauty
principal important, principal, main
principio principle; beginning
pringado dirty, filthy
prisa urgency, haste; **de — fast,** quickly; hurriedly
privar to deprive; to prohibit, to prevent
probar to prove, to try out; to taste; **— a** to try to
procedimiento procedure

procurar to try, to strive
proeza achievement
profusamente profusely
prójimo neighbor
pronto ready; **al —** suddenly; **lo más — posible** as soon as possible
propensión liking, inclination
propicio propitious, favorable
propiedad property; naturalness
propósito: a — fitting; **de —** on purpose, purposely
prostituirse to prostitute oneself
provecho benefit; **de —** decent
provechoso profitable, beneficial
providencia salvation, providence
provocar to bring about
proyectado projected, planned
puchero pot, stew
pudrirse to rot
puente *m.* bridge
puerco: pan de — cyclamen, sowbread
puesta: — del sol sunset
puesto position, post, place
pulido polishing
pulular to swarm, to abound
puntera kick
punto: — menos que almost; **al —** immediately; **—s suspensivos** suspension points
puntualidad exactness
puñalada stab, thrust
puñetazo punch, blow (*with the fist*)
purgar to expiate, to atone; to purge
pusilánime timorous, cowardly

Q

quebrar to crush, to break
queja lament, moan
quejido moan, crying
querer: no — la cosa not to care
quicio doorjamb; **sacar de —** to drive wild, to exasperate
quiebra loss
quinta draft (*mil.*)

R

rabia rage, fury; rabies
rabiar to have rabies
rabioso mad, rabid; fierce, ferocious
rabo tail
radicalmente fundamentally
raído skinny, shrivelled
raíz *f.* root
rajarse to split
ralo sparse, thin
rama branch
rancho food, provisions
rapto rapture
rasgado clawed, torn
rasgo trait, characteristic
raso satin
rastra: llevar a —s to drag
ratero sneak thief, pickpocket
ratón *m.* mouse
raya boundary, border; stripe
rayo flash
razón *f.:* **entrar en —** to listen to reason
razonar to reason, to reason out
reaccionar to recover, to return to a prior condition
real *m.* real (*Spanish coin*)
reanudar to resume, to begin anew
reata string (*of animals*)
reavivar to revive, to come to life again
rebelde rebellious
rebosar to abound in, to teem with
rebuscado unusual, outlandish
rebuscar to ransack, to search carefully
recaer to fall
recaudo: a buen — in safety, protected, sheltered
recetar to prescribe
recibidor *m.* anteroom, reception room
recibir *m.* reception
recio thick; strong; hard
recoger to gather, to pick up; to take shelter
recorrer to run through
recostar to recline, to lean back, to lie

recrear to re-create
recto straight
recurrir to resort, to have recourse to
rechazado rejected
redactar to write up, to edit
redondear to round out, to complete
redor *m.* contour, outline
reembolso reimbursement
reflejar to reflect
reflexionar to reflect
refrán *m.* proverb
refrenar to restrain, to curb
refrescar to refresh
refugiarse to take refuge
regalo joy, pleasure; gift
regar to water
regateo quibbling
regato stream, creek
regazo lap
regocijo joy, rejoicing
regusto aftertaste, taste
reincidencia relapse, backsliding
reino kingdom
rejilla cane
relación relationship
relacionarse (con) to align (with); to be related (to)
relato story, statement, report
reló = reloj
reloj *m.* clock; — despertador alarm clock
relumbrón *m.* flashiness, showiness
rematar to kill off; to finish off
remate *m.* ornament
remedio remedy, recourse; alternative; no tener — to be unable to be helped; sin — hopeless
remitir to let up; to send
remontarse to date back
remorder to prick; to cause remorse to
remordimiento remorse
remover to disturb, to irritate
renacer to revive
rencor *m.* animosity, bitterness
rendir to subdue, to tire out
renglón *m.:* a — seguido immediately afterwards
renombre *m.* reputation, renown

reñir to quarrel
reojo: de — askance, hostilely
reparar to cure, to doctor; — en to pay attention to, to notice
repasar to review
repentino sudden
reponerse to recover
reposo: pabellón de — rest home
represalia reprisal
repugnar to repel; to contradict, to oppose
reputar to esteem
requerido summoned, called away
requisito requirement
resaltar to stand out
rescoldo embers, hot ashes
resfriado cold (*illness*)
resfriarse to catch cold
resguardo: a — de protected from
resina pitch, resin
respaldo back (*of a chair*)
respetuoso respectful
resplandecer to shine
resquemor *m.* sorrow, grief
restar to subtract; to remain
resucitar to revive
resurgimiento revival
retador challenging, defiant
retirar to withdraw
Retiro *large park in Madrid*
retrasarse to be late
retraso delay
retumbante high-flown, bombastic
reunión *f.* meeting
revalorización revaluation
revelador revealing
reverencia: sin más —s without more ado; without further information
revés *m.* reverse; al — the other way around; del — inside out, wrong side out
revista magazine
revolear to fly around and around
revolverse to stir (up)
revuelto disordered, tangled
riego irrigation
rienda rein
rigurosidad stingency, severity
risa: darle — to make one laugh

ritmo rhythm
rizado curled, curved, fluted
rodar to roll by
rodear to surround
rodilla knee
rollizo plump, fat
rollo roll
romero rosemary
rondar to hound
ronzal *m.* halter
ropa: tentarse la — to consider carefully
rosado pink, rosy
rotular to label
rozar to hobnob, to be on close terms
rubiales *m.* goldilocks
rubor *m.*: **darle — a uno** to make one blush
ruborizado blushing
rueda circle, ring (*of people*); wheel
ruego plea, request
rugir to roar
ruin base, low; wretched; vicious, mean
ruindad baseness, meanness
Ruiz Iriarte, Víctor (*1912–*) *Spanish dramatist*
rumboso magnificent
ruso Russian

S

sábana sheet
saber to know; to know how; to find out; to taste
sacar: — de quicio to drive wild, to exasperate
sacerdote *m.* priest
sacristía sacristy (*room in the church where the sacred vestments are kept*)
sala parlor, living room
Salamanca *historic city in western Spain, located on the river Tormes; site of a famous university*
saledizo yard

salida departure, leaving; way out
salpicado dotted, sprinkled
saltamonte *m.* grasshopper
salto: a saltitos skipping, by little jumps
saludo greeting
Salve *f. prayer to the Virgin Mary*
San Antonio [de Padua] (*1195–1231*) *Portuguese monk, preacher and saint; frequently invoked for the recovery of lost things*
sanar to cure, to heal
San Carlos [Borromeo] *Italian saint whose day is November 4*
sano sound, healthy; **cortar por lo —** to use desperate remedies; to take drastic measures
San Roque (*1295–1327*) *French saint known for his miracles and his works of charity during an outbreak of the plague*
Santa María Madonna
sapo toad
sarampión *m.* measles; local rash of similar nature
sarnoso mangy, scabious
sarpullido rash, eruption
sarta string
secar to dry
seducir to attract, to captivate
seguridad assurance
seguro: a buen — surely, certainly
semántica semantics (*the study of meanings of words*)
semejar to resemble, to be like
sencillez *f.* simplicity
senda path
sendero path
seno bosom
sensibilidad sensitivity, sensibility
sentido sense, meaning
sentimiento feeling
señal *f.* mark; scar; sign
señalar to point out, to indicate, to show; to mark, to scar, to brand; to appoint, to designate
señas address
señor *m.*: **muy — mío** (my) dear sir (*salutation of a letter*)
señor *adj.* magnificent, fine

señorito young gentleman (*often scornful*)

sepulcro grave

sequedad gruffness

sequía drought

sereno night watchman

serio: en — seriously

seroformo seroformalin (*an antiseptic solution*)

serranía mountain range

servicio: prestar un mal — to do a disservice

servidor *m.*: **un —** yours truly, your servant

sesgo aspect, twist

sesos brains

Sevilla Seville (*important city in Andalusia, a region in southern Spain*)

si: por — in case

siempre: — que whenever

sien *f.* temple

sierra saw

significado meaning

silbador whistling

silbar to whistle

silbo whistle

simpático agreeable, attractive; pleasant

sindicato union, syndicate

síntoma *m.* symptom

siquiera even, at least; **ni —** not even

sistema *m.* system, nature

soberano sovereign, royal

sobrar to be superfluous; to be more than enough

sobre *m.* envelope

sobrecoger to frighten; to startle

sobremontura *saddle placed behind common saddle to permit one to ride sidesaddle*

sobreponerse to overcome, to rise above

sobresaltar to frighten, to startle

socorrer to help

sofocar to choke, to suffocate; **—se** to get out of breath

sofocón *m.* shock, fright

sol *m.*: **puesta del —** sunset

soleado sunny

soltar to release; to pour forth; to utter, to burst out; **— la carcajada** to burst out laughing

soltería bachelor days, bachelorhood

soltero unmarried, single

soltura fluency

sombra: negra — bad luck

sombrío gloomy, somber

sonar (a) to sound (like)

sopa soup

soplo draft

soportar to endure, to suffer

sórdido husky

sorprendente surprising, shocking

sosiego calm, quiet, serenity

sostener to hold, to maintain

sotana cassock

soterrar to bury

suave smooth; soft; gentle, calm

suavidad softness

suavizar to mollify, to soften

subrayar to emphasize

subseguir to follow after

sucedido happening, event

suceso event

sucio dirty

sudor *m.* sweat, perspiration

sueño: descabezar un — to take a nap

suerte *f.* lot, fate; luck; kind; **no tener más — que** to have no choice but

sugestionar to hypnotize, to persuade (*by hypnotism*)

suicidarse to commit suicide

sujetar to hold (down)

sujeto held down

sumar to add

superficie *f.* surface

súplica plea, request

suplicante begging, imploring

suponer to presuppose

surco furrow; groove, line; impression

surtir: — efecto to have the desired effect

susceptible touchy

suscitar to stir up, to arouse

suspender to postpone, to stop, to cease

suspensivo: puntos —s suspension points
suyo: hacer de las suyas to be up to one's old tricks

T

taba jacks (*game*)
tabaquera tobacco-pouch
tabla board, plank
tachar (de) to accuse (of being)
taimado cunning
Talavera [de la Reina] *city in the province of Toledo in central Spain, noted for its ceramics*
talega bag, sack
talmente just, in the same manner as, just like
taller *m.* shop, workshop
tallo shoot, stalk
tamaño so great
tapar to cover up
tapia wall
tapita tidbit
tarifa fare
tatuaje *m.* tattoo
tejado housetop, roof
tejeringo fritter
tema *m.* theme
tembleque *m.* shake, shiver
temblequera fit of trembling
temblor *m.* trembling
temeroso fearful
templado in tune, on key
templar: — el aliento to catch one's breath
temporada period (*of time*)
tender to tend
tener: — que ver con to have to do with
teniente *m.* lieutenant
tentar to tempt, to try; to get one's dander up (*coll.*); —se la ropa to consider carefully
tentativa attempt
teoría theory
término end; — medio compromise, balance
terno suit

ternura tenderness
tesis *f.* thesis, theme
testamento will
tez *f.* complexion
tía: — abuela great-aunt
tiemblo shudder
tiempo: faltar — to be unable to wait
tienta: a —s gropingly
tierno young, tender
tieso stiff
tiesto flowerpot
tijera scissors
tilde *m. and f.* tilde (*diacritical mark of the letter* ñ)
timbre *m.* bell
tinaja large earthen jar
tingladillo makeshift bed
tinieblas darkness
tinta ink
tinto red
tira strip
tirada: de una — at one sitting
tirador *m.* knob
tirantez *f.* strain, tenseness
tirar to spend, to waste; to throw; to pull; to move; — de la lengua to draw out; — para to head for; — por to head down (*a road*); to wander about; —se to lie (down), to stretch out; ir tirando to get along, to be still kicking (*coll.*)
tiro: pegar un — to shoot; a — within range
tirón *m.*: de un — all at once, at one stroke
tísico consumptive
tisis *f.* consumption
titubear to hesitate
tó *interj.* here! (*calling an animal*)
tocante: — a concerning, with reference to
tocar: — a to be time to; —le a uno to fall to one's lot
todo: del — wholly, entirely
tomillo thyme
tomo volume
tontería nonsense, foolishness
toparse to come across
torbellino whirlwind

torcer to twist, to turn
torero bullfighter
tormenta storm
tornillo screw
torpe slow
Torremejía *town nine miles south of Mérida*
torta cake
tortuga turtle, tortoise
tos *f.* cough; **golpe de —** fit of coughing
tosco coarse, uncouth
toser to cough
tósigo grief, sorrow
trabajador hard-working
trabajo: costar — to be hard to
traducción translation
traducir to correct, to interpret
tragaderas (*coll.*) tolerance, indulgence
tragar to swallow
traición: a — treacherous(ly)
traidor treacherous
traje *m.*: **— de luces** bullfighter's costume
trama plot
trance *m.*: **en — de** at the point of
transcriptor *m.* transcriber, editor
transcurrir to pass, to elapse
transido paralyzed
transigir (con) to compromise (with), to put up (with)
trasero rump, rear
traslado transfer
traspasado pained, grieved, transfixed
trasponerse to set
trastornar to trouble, to derange
través: a — de through
traviesa rafter, crossbeam
trazar to set down
tremendo formidable, awful, fearful
trenza plait, braid
trigal *m.* wheat field
trigo wheat
tripa: hacer de —s corazón to pluck up courage
tris *m.*: **en un — de** within an ace of, almost

triscar to frisk, to skip, to caper
tropezar to trip, to stumble; **—se** to tangle with (*coll.*)
trotamundos *m.* tramp, bum (*coll.*)
trotar to trot
trote *m.* trot
trotero trotting
trozo excerpt
trueno thunder
truhán *m.* crook (*coll.*)
Trujillo *city in the province of Cáceres 60 miles northwest of Almendralejo*
tumbado lying down, stretched out
tumbo tumble, fall
tunda beating, drubbing
turbación disturbance, confusion
turbamulta mob, swarm

U

ufanía cheer, satisfaction
ufano cheerful, satisfied
ultramarinos groceries, imported foods
ungüento ointment, salve
uña: a — de caballo at full speed

V

vacilación hesitation
vacío vacuum, void
vacío: de — empty-handed
vacuna vaccine
vagar to wander
vagón *m.* railway car
vale *Lat.* farewell
valentía bravery, courage
valer *m.* value, worth
valer: más vale it is better
valeriana valerian (*herb*)
valor *m.* meaning; value; courage
valorar to value
valle *m.* valley, vale
vapor *m.* steamer, steamship
vara stick, rod; cane; sprig, branch; **meterse en camisa de once —s**

to stick one's nose into other people's business

variar to change, to vary

variedad variety; type

varón *m.* man, male

vasar *m.* kitchen shelf

Vecilla *see* **La Vecilla**

vejete *m.* silly old fellow

vejez *f.* old age

vela watch, wakefulness

velada evening

velado veiled

velar to watch over

veloz quick, rapid

vendaval *m.* strong wind, gale

veneno venom; wrath, fury

venenoso poisonous

venerado revered

ventaja advantage

ventear to sniff

ventrudo big-bellied

ver: — de to try to, to see about; **— la luz** to appear; **tener que — con** to have to do with

vera: a la — de near, beside

verdor *m.* verdure, greenness

verdugo executioner

verosímil lifelike, probable

verter to shed, to spill

vertiginosamente dizzily

vestidura vestments, clothing

vestir: — el oficio to look the part, to dress to fit the job

vez *f.*: **de una (buena) —** once and for all

víbora viper, snake

vida: ganarse la — to earn one's living

vidrio glass

viento: tomar —s to disappear, to go jump in the lake (*coll.*)

vientre *m.* belly; womb

vigilar to look out for

vilo: en un — in suspense, in uncertainty

vincular to unite, to bind

vínculo bond

violento violent; strained, unnatural

Virgen de Guadalupe *patron saint of Mexico*

viruelas smallpox

visera billed cap

visita visit; visitor

visto: por lo — apparently

vistoso flashy, dressy, sharp (*coll.*)

vivo: de — when alive

vocablo word

vocear to shout, to call out

volandas: en — in the air, as if flying

volcar to turn upside down, to dump

volver: — en sí to regain consciousness

voz *f.*: **ahuecar la —** to make one's voice deep and solemn; **dar voces** to scream

vuelco: darle a uno un — el corazón to have a presentiment, to have a misgiving

vuelo flight; **levantar el —** to take flight; **al —** in a jiffy, on the wing; **en un —** in a flash

vuelta: dar la — to turn around; to turn inside out; **dar una —** to take a walk, to stroll; **dar(se) media —** to turn away; **darse la —** to turn over; **de —** return, back; **dar —s** to revolve

vulgaridad commonplaceness, ordinariness

Y

ya: — ... — whether . . . or; **— que** since, considering, inasmuch as

yacer to lie

yegua mare

yerba herb; **— mala** weed

yermo bleak, uninhabited

yerra *present indicative of* **errar**

yunque *m.* anvil

Z

zafarrancho row, scuffle, quarrel

zafio coarse

zancada long stride
zapatero shoemaker, cobbler
zarza bramble

zorra slut
zorro sly fellow
zurrar to thrash; to win out